★ 国家出版基金资助项目
★ 湖北省学术著作出版专项资金资助项目

高等教育与社会发展论丛

董泽芳◇主编

现实与理想：
高等教育过程公平研究

王卫东　胡春光　著

华中师范大学出版社

新出图证（鄂）字 10 号

图书在版编目（CIP）数据

现实与理想：高等教育过程公平研究/王卫东，胡春光著. —武汉：华中师范大学出版社，2018.12

（高等教育与社会发展论丛/董泽芳主编）

ISBN 978-7-5622-8475-8

Ⅰ. ①现… Ⅱ. ①王… ②胡… Ⅲ. ①高等教育—公平原则—研究—中国 Ⅳ. ①G649.2

中国版本图书馆 CIP 数据核字（2018）第 292614 号

现实与理想：高等教育过程公平研究

© 王卫东 胡春光 著

责任编辑：刘少玲　　责任校对：罗 艺

封面设计：罗明波

编辑室：学术出版中心　　电话：027-67863220/7792

出版发行：华中师范大学出版社　　社址：湖北省武汉市洪山区珞喻路 152 号

电话：027-67863426（发行部）　027-67861321（邮购）

传真：027-67863291　　邮编：430079

网址：http://press.ccnu.edu.cn　　电子信箱：press@mail.ccnu.edu.cn

印刷：湖北恒泰印务有限公司　　督印：王兴平

开本：710mm×1000mm 1/16　　字数：208 千字

版次：2018 年 12 月第 1 版　　印次：2018 年 12 月第 1 次印刷

印张：14　　定价：49.00 元

欢迎上网查询、购书

总　　序

高等教育是社会大系统中的一个极其重要的子系统，它与经济、政治、文化等子系统之间有着相互依存的关系。高等教育作为培养高层次专门人才的社会活动，与人的发展更有着密切的联系。同时，高等教育自身又是一个多层次、多类型、多主体的系统，不仅大学之间，大学内部各组织之间，领导、教师与学生之间关系错综复杂，而且与社会的方方面面都有着千丝万缕的联系。随着时代的发展，多层次的高等教育与多元化的社会之间形成了越来越密切的互动关系。现代社会，高等教育的存在和发展越来越离不开政府和社会在人力、物力、财力，以及政策、环境等方面的支持与促进；社会的发展也越来越离不开高等教育及其研究的引领与推动。美国经济学家弗里德曼用经济学“核心—边缘”理论研究二战后的经济社会现象与教育特别是与高等教育的关系时，发现在知识成为经济社会赖以存在和发展的基本资源与生产要素后，高等教育逐渐从游离于社会之外的“象牙塔”进入社会的边缘区，并渐次成为推动经济社会发展的中心要素，从而提出了著名的高等教育“从边缘走向中心”的发展趋势理论。从二战后高等教育对许多国家发展的实际影响来看，高等教育已成为促进国家科技振兴、经济发展、政治民主、文化繁荣的必要条件；从高等教育对社会个体的影响来看，高等教育不仅是提高个人素质、开发个人潜能的重要基础，更是促进社会流动、实现人生价值的主要途径。的确，高等教育对社会及个人的影响力从来没有像今天这样巨大，社会变革对高等教育的影响也从来没有像今天这样深刻。

然而，随着现代科技的发展和工业化进程的加速，科学文化及其内含的经济价值和工具价值得以彰显，高等教育发展中理性主义与功利主义的冲突日趋激烈。同时，高等教育大众化的进程加快及其与政府、市场、大学三者关系日益复杂，加之财政困难，高等教育商业化、官僚化、技术至上和教育质量下降等问题凸显，高等教育发展的现状和社会的期望之间的鸿沟逐渐加深，高等教育与社会发展之间的冲突也不断加剧。著名的高等教育学家约翰·S. 布鲁贝克在其《高等教育哲学》一书中，专门从冲突论的视角，论述了高等教育发展中认知论与政治论、自治与控制、学术自由与社会责任、精英教育与大众教育、普通教育与专才教育五方面的冲突，还就传统的高等教育与现代的高等教育、学术研究与社会现实道德、大学与教会等方面的冲突展开了论述。联合国教科文组织前总干事费德里克·马约尔在 1995 年发布的联合国教科文组织关于“高等教育的变革与发展的政策性文件”中更明确指出，“全世界几乎所有国家的高等教育都处于危机之中”。

在我国，随着社会现代化进程的加快，人们已愈来愈清楚地认识到，高等教育与社会的良性互动和协调发展不仅是政治稳定、科技振兴、经济发展、文化繁荣、人民幸福的必要前提，而且是保障高等教育健康发展、高效运行的基本条件。然而，现实的高等教育与社会互动机制仍不够健全，高等教育与社会发展不协调的现象也普遍存在。尤其是在社会大转型的今天，新旧体制、新旧观念与新旧因素的对立与摩擦，以及由此产生的社会失序、混乱与震荡，不仅使高等教育与社会的互动日趋复杂，也使高等教育与社会的协调发展严重受阻。有关高等教育与社会发展的关系的研究也面临着一系列值得研究的新问题。

从宏观的层次讲：一是社会结构转型与高等教育制度的调适问题。社会转型主要包括政治结构、经济结构、文化结构等在内的社会结构的整体性变迁过程。社会转型必然引起与原有社会结构相配套的规则与程序不同程度的失效，而新社会结构要素的生长亟待制度创新来促进和保障。高等教育制度如何调适与创新，如何形成与各种新的社会结构要素协调发展的关系，如何实现高等教育自身健康发展与着眼于学科发展、促进社会全面协调发展的双重目标等问题，必须通过高等教育社会学的研究才能作出科学的回答。二是高等教育与社会关系的变化及高等教育的社会功能重构。社会结构的全面转型必然对高等教育产生巨大的影响，并使高等教育与社会的关系出现一系列新变化。如市场经济的发展打破了高等教育自我封闭的格局，加强了高等教育对市场的关注；民主政治的推进提升了高等教育的自主地位，弱化了高等教育对政府的依赖；对外开放格局的形成拓展了教育者的视野，加强了高等教育同世界的联系，等等。在这种情况下，如何重新认识高等教育的社会价值，如何重构高等教育的各种社会功能，如教育对市场经济的适应、支持与矫正功能，对政治的维护、监督与批评功能，对国外文化的选择、吸收与融合功能，等等，也是高等教育社会学研究的重要任务。三是高等教育与社会冲突的加剧及高等教育的整合机制。社会全方位的变革使高等教育赖以生存的基础发生了变化，高等教育本身也进入了一个剧变时期，旧的运行机制正在被打破，新的运行机制尚未被建立，高等教育与社会的冲突大量存在。如社会经济发展对高等教育的人才需求结构与高等教育的人才培养、输出结构的冲突，高等教育发展对投入的需求与社会经济承受力的冲突，高等教育对理性精神的追求与社会现实的功利取向的冲突，高等教育的价值观念取向与社会文化观念更新的冲突，等等。诚然，高等教育社会冲突的出现并不必然产生消极的后果。如果通过高等教育社会学的研究能够形成比较健全的教育与社会的整合机制，高等教育与社会之间的冲突就会向积极的方面转化。

从中观的层次讲，主要是社会转型带来的各种社会分化引发了一系列新的高等教育社会问题。如区域分化与高等教育发展的失衡问题，阶层分化与弱势群体子女的高等教育问题。急剧的社会转型使原有社会阶层结构产生了前所未有的大分化，进而导致利益的大分化，这必然会在不同利益主体间产生广泛的矛盾和冲突。由此引发了地区之间高等教育差距扩大、高等教育资源配置不合理、高等教育机会不均等等新的高等教育社会问题。

从微观的层次看，主要有社会行为无序与大学行为失范问题，高等教育时空拓展与高校师生关系变化问题，大学校内、校外环境变化与大学教师角色冲突问题，商业的价值原则渗透与大学生的功利行为问题，等等。这些现实的问题，都是令人感到困惑的新的教育问题、社会问题，迫切需要高等教育社会学的探讨与解决。

在这种情况下，高等教育社会学理应顺应时代的要求，调整研究的视角，真正树立起高等教育与社会一体化协调发展的观念，加强对高等教育与社会互动机制的研究，努力探寻高等教育与社会协调发展的规律，促进我国高等教育的健康发展和社会的全面进步。本丛书的出版目的正在于促进这一研究。

本丛书在编写上突出了下列特点：一是研究立场的本土性与研究内容的时代性。从中国近代高等教育的发展过程看，过去高等教育学的研究在一定程度上存在着过于依赖西方教育理论和教育观念的问题，相关研究缺乏本土意识。本丛书强调立足中国国情来解决中国高等教育实践中的问题。在研究内容上，牢牢把握当下中国社会大转型这一时代背景，直面因新旧体制、新旧观念及新旧因素的对立与冲突所产生的社会失序、混乱及震荡给高等教育发展带来的冲击与挑战，紧紧围绕“高等教育与社会和谐发展”这一核心主题，提出了摆脱困境、战胜危机所要解决的一系列重要问题，并通过实实在在的研究，给出了明确回答。本丛书提出的这些问题，都是“高等教育与社会和谐发展的中国问题”，或者说是“中国的高等教育与社会和谐发展问题”。而丛书作者通过研究作出的回答，可视为有助于解决问题的一些“中国答案”。

二是研究视域的广阔性与研究视角的多层性。高等教育与社会发展都是多层次、多类型、多主体的系统，探讨二者的关系应该有广阔的视域和多层的视角。在研究的视域上，本丛书既着力审视整个社会的结构与文化、体制与机制同整个高等教育之间的关系，也努力探明区域分化、地方传统文化同地方高等教育之间的关系，并用力探究具体高校中的职业性别政治、权力关系及角色冲突等问题。在研究的视角上，本丛书立足于高等教育学，比较倚重于社会学，但并不局限于社会学，而是根据研究的具体问题及主要目的，将研究的视角延展至经济学、文化学、人类学、教育学等学科。开阔的学术视野与多样的研究视角，使得丛书内容格外丰富多彩。

三是研究方法的多元性与研究手段的实证性。本丛书遵循了理论研究与实证研究相结合、立足国情与合理借鉴相结合、问题分析与对策探讨相结合等原则，注重多种方法的综合运用。尤为强调运用实证分析的手段，将研究结论建立在翔实的资料基础之上，力图更多地用客观事实说话，用实际材料说话。如制度政策的文本分析、形式多样的问卷调查、扎根实地的田野研究、已有统计数据的二次分析等，在本丛书中都有合理运用，从而为发现高等教育与社会协调发展中存在的问题、揭示成因、寻觅对策提供了必要依据。通过开展实证研究，本丛书改变和克服了老套社会科学研究“从概念到概念”、“从理论到理论”、“从问题到问题”的不良倾向，增强了理论研究的“问题导向”与策略研究的“有的放矢”。

本丛书得以出版，既要感谢华中师范大学出版社新老领导的精心策划与大力支持，也要感谢编辑部主任和各位编辑的认真审读与细致编校，更要感谢顾明远先生与吴康宁先生的充分肯定与郑重推荐。

本丛书的作者主要是高等教育与社会发展研究方向的博士和博士后，丛书多是在他们的博士学位论文的基础上修改而成，虽然研究宗旨与写作要求一致，但每本书的主题思想与写作风格各异。作为丛书主编，我希望本丛书的出版能够为促进我国高等教育与社会协调发展起到一定的作用，也希望高等教育与社会发展的议题能受到学界更多的关注。由于作者的水平以及对高等教育与社会协调发展规律的认识有限，本丛书必有诸多不足之处，诚望诸位学者、读者不吝赐教。

董泽芳

2017 年 6 月 6 日

前　言

教育公平是社会公平在教育领域的发展与延续。教育公平理念的出现被视为人类社会的巨大进步。在现代社会中，教育公平已成为衡量社会进步的重要标准之一，也是人类一直追求的目标。近年来，教育公平是党和国家关注的重大社会民生问题，《国家中长期教育改革和发展规划纲要（2010—2020 年）》明确提出“把促进公平作为国家基本教育政策”，“形成惠及全民的公平教育”。党的十八大指出要“努力办好人民满意的教育，深化教育领域综合改革，大力促进教育公平”。十八届三中全会通过了《中共中央关于全面深化改革若干重大问题的决定》，对“深化教育领域综合改革”进行了战略部署，再次提出“大力促进教育公平”。由此可见，教育公平问题已经上升至国家战略层面，实现教育公平已成为我国教育发展的战略目标之一。

高等教育公平作为教育公平体系中的重要内容之一，也理应受到广泛的关注。

近年来，随着我国高等教育大众化的到来，广大人民群众日益增长的接受高等教育的需要在很大程度上得到了满足，有效地缓和了高等教育的供需矛盾，然而，由高等教育大众化过程中的深层矛盾所引发的高等教育公平问题却日益引起人们的关注。诚然，随着我国高等教育规模的扩大，高等教育的入学机会大大增加，高等教育公平的水平得到了很大程度的提升，高等教育在促进社会发展方面的作用得到了进一步的发挥。然而，高等教育规模的扩大并不意味着高等教育公平问题得到了解决；高等教育入学机会的增长，并不意味着高校学生在高等教育阶段都受到了公平的教育。有现象表明，高等教育的不公平正由入学机会的不公平，转变为一种深层的、隐蔽的不公平。事实上，高等教育公平不仅体现于是否有机会接受高等教育，更体现于能够接受何种高等教育以及如何接受高等教育，这样说来，当前我们考察高等教育公平重点应放在不同个性、不同阶层的学生进入高校以后，能否受到公平的对待，能否受到与其个性发展相适应的教育，这就是一种“质”的公平。因此，解决当前我国高等教育公平问题的重点应放在“质”的层面上，这就要求我们对高等教育公平关注的焦点应该有一个重大的转变，应逐步重视高等教育公平“质”的提升，这里所谓重视“质”的公平其实质就是要重视高等教育过程公平。相应地，研究高等教育公平的主要阵地也应从校外转向校内，从起点公平转向过程公平。

因此，对高等教育过程公平进行研究既具有重大的现实意义，又具有深远的理论价值。本书以高等教育过程公平为研究对象，从社会学分析的角度来考量高等教育过程，具体来说，我们将从高校学生在校期间的知识学习过程、科学研究过程、社会实践过程、评优评奖过程、弱困扶助过程、人际交往过程六个维度，综合对高等教育过程进行较全面的动态考察。

本研究的基本逻辑是：围绕“高等教育过程公平社会学分析的视角下，什么是高等教育过程公平，考察高等教育过程公平的维度，影响高等教育过程公平的因素，我国高等教育过程公平的程度，高等教育过程不公平的表现，引起高等教育不公平的原因以及促进高等教育过程公平的对策”等问题逐步进行研究，力图为充实高等教育过程公平理论和提升我国高等教育过程公平水平做一些有益的探索。本研究共分六个部分。

第一章是导论部分。本章阐述了研究高等教育过程公平的背景及意义，提出了本书的研究问题，介绍了研究视角和研究方法，阐述了研究思路和研究框架。通过文献综述，发现目前关于高等教育过程公平的研究非常少，更加缺乏关于高等教育过程公平的实证研究。因此，本课题选择从社会学的视角出发，从高校学生的层面进行研究，并确定了思辨和实证相结合的研究方法，特别是引入了统计学方法中的单因素方差分析，以期探讨高等教育过程公平的影响因素以及各因素的影响程度。

第二章是高等教育过程公平研究的理论基础部分。本章首先审视了高等教育过程公平研究中的相关概念，在此基础上提出自己的基本观点，并对核心概念进行了必要的界定；其次对高等教育过程公平的考察维度进行了分析，提出高等教育过程公平可以从知识学习过程公平、科学研究过程公平、社会实践过程公平、评优评奖过程公平、弱困扶助过程公平、人际交往过程公平六个维度进行考察；最后探讨了高等教育过程公平相关理论。

第三章是高等教育过程公平的实证研究部分。本章力图从高校学生的层面，运用实证的方法，探究高等教育整体过程中的公平性问题。首先简单介绍了调查的目的与意义、内容与对象、思路与方法，运用统计学方法对调查数据进行了详细的分析，讨论了高校学生的知识学习、科学研究、社会实践、评优评奖、弱困扶助、人际交往等过程的公平程度。

第四章是我国高等教育过程不公平的分析部分。本章列举了我国高等教育过程不公平的表现，具体是指知识学习、科学研究、社会实践、评优评奖、弱困扶助、人际交往六个维度上的不公平；分析了造成我国高等教育过程不公平的原因，指出：忽视权益、强调一统是学习过程不公平的根本原因，资源不足、配置失衡是科研过程不公平的主要原因，机会偏少、基地不稳是实践过程不公平的直接原因，态度不端、程序失范是评优过程不公平的重要原因，政策缺失、资助不力是扶困过程不公平的外在原因，环境不良、性格缺陷是交往过程不公平的内在原因。

第五章是我国高等教育过程公平对策探讨部分。在上述理论探讨、问题与原因分析的基础上，本章从知识学习过程、科学研究过程、社会实践过程、评优评奖过程、弱困扶助过程、人际交往过程六个方面提出了促进高等教育过程公平的相关对策。

第六章是结论与展望部分。本章主要阐述了在研究中得出的一些结论、本研究的主要创新和不足之处，以及对未来研究的展望。

关注高等教育过程公平，进一步促进高等教育过程公平，需要政府、社会、高校和师生的共同努力。笔者期望通过对高等教育过程公平的研究，引起政府、社会、高校等各方面对此问题的关注和思考，为促进高等教育过程公平提供更有利的条件。

目　　录

第一章　导　论 …… 1
第一节　研究背景与研究意义 …… 1
一、研究背景 …… 1
二、研究意义 …… 4
第二节　文献回溯与研究问题 …… 8
一、文献回溯 …… 8
二、研究问题 …… 19
第三节　研究视角与研究方法 …… 20
一、研究视角 …… 20
二、研究方法 …… 23
第四节　研究思路与研究框架 …… 26
一、研究思路 …… 27
二、研究框架 …… 28
第二章　高等教育过程公平研究的理论基础 …… 31
第一节　核心概念的界定 …… 31
一、公平 …… 31
二、教育公平 …… 36
三、高等教育公平 …… 43
四、高等教育过程公平 …… 44
第二节　高等教育过程公平的考察维度 …… 50
一、知识学习过程公平 …… 51
二、科学研究过程公平 …… 52

三、社会实践过程公平 …… 52
四、评优评奖过程公平 …… 53
五、弱困扶助过程公平 …… 54
六、人际交往过程公平 …… 55
第三节　相关基本理论论析 …… 56
一、结构功能主义理论 …… 57
二、文化再生产理论 …… 60
三、代际资本传递理论 …… 64
第三章　高等教育过程公平的实证分析 …… 67
第一节　调查目的与意义 …… 67
一、调查目的 …… 67
二、调查意义 …… 68
第二节　调查内容与对象 …… 69
一、调查内容 …… 69
二、调查对象 …… 70
第三节　调查的思路与方法 …… 77
一、调查研究的思路 …… 77
二、采用的调查方法 …… 88
第四节　调查结果与分析 …… 92
一、知识学习过程的公平程度 …… 93
二、科学研究过程的公平程度 …… 101
三、社会实践过程的公平程度 …… 104
四、评优评奖过程的公平程度 …… 107
五、弱困扶助过程的公平程度 …… 111
六、人际交往过程的公平程度 …… 113
第四章　我国高等教育过程不公平的表现及原因 …… 116
第一节　我国高等教育过程不公平的表现 …… 116
一、知识学习过程不公平 …… 116
二、科学研究过程不公平 …… 122
三、社会实践过程不公平 …… 125

四、评优评奖过程不公平 …… 129
五、弱困扶助过程不公平 …… 132
六、人际交往过程不公平 …… 134
第二节　我国高等教育过程不公平的原因 …… 137
一、学习过程不公平的原因 …… 138
二、科研过程不公平的原因 …… 142
三、实践过程不公平的原因 …… 143
四、评优过程不公平的原因 …… 146
五、扶困过程不公平的原因 …… 147
六、交往过程不公平的原因 …… 148
第五章　我国高等教育过程公平的实践方略 …… 150
第一节　提高知识学习过程公平的程度 …… 150
一、完善教育法律法规，保障学生学习权益 …… 151
二、根据特点设置课程，针对差异选择教法 …… 152
第二节　创新科学研究过程公平的思路 …… 154
一、加大学生科研投入，拓宽学生科研项目 …… 154
二、合理配置科研资源，促进科研资源平衡 …… 156
第三节　改善社会实践过程公平的方法 …… 158
一、提高社会重视程度，增加实践机会总量 …… 158
二、完善实践活动体系，加快实践基地建设 …… 160
第四节　优化评优评奖过程公平的路径 …… 162
一、选择合理评价方法，规范评优评奖程序 …… 162
二、端正评优评奖态度，加强评优过程监督 …… 163
第五节　增强弱困扶助过程公平的实效 …… 165
一、健全扶困法律政策，强化政策导向作用 …… 165
二、加大弱困资助力度，建立良性互动机制 …… 167
第六节　提升人际交往过程公平的能力 …… 172
一、营造和谐人际环境，形成平等交往态度 …… 172

二、加强学生自我教育，提高人际交往能力 …………………… 175
第六章　结论与展望 …………………………………………… 178
第一节　本研究的主要结论 ………………………………… 178
第二节　本研究的主要创新 ………………………………… 181
第三节　本研究存在的主要局限 …………………………… 182
第四节　研究展望 …………………………………………… 183
参考文献 ………………………………………………………… 184
附录 1　高等教育过程公平调查问卷 ………………………… 201
附录 2　高等教育过程公平状况访谈提纲 …………………… 204
后　　记 ………………………………………………………… 205

第一章　导　论

高校扩招政策使得我国高等教育机会的供给不断增多，人们接受高等教育的途径越来越广，高等教育已由精英教育发展到大众教育阶段，高等教育起点公平逐渐得以实现。高等教育过程公平作为高等教育公平的基本内容和重要阶段，理应得到社会界和理论界更多的关注。因此，现阶段对高等教育公平的研究应有一个新的转向，研究的重点应逐渐转向高等教育过程公平，即应逐步重视对高等教育公平“质”的提升，这也是笔者选择高等教育过程公平进行研究的重要原因。

第一节　研究背景与研究意义

一、研究背景

高等教育公平是高等教育领域里始终不变的主题之一，高等教育的公平体现在入学机会公平、过程公平以及结果的公平上，而高等教育过程公平是实现从入学机会公平到结果公平的桥梁。在目前高等教育规模与总量不断扩大的情况下，如何确保城乡之间、阶层之间在高等教育过程中获得均等的受教育机会应成为我们聚焦的关键点。然而，在高等教育公平的研究过程中，对入学机会公平和结果公平的关注多，对高等教育过程公平的关注少，这种状况与在教育改革进入“深水区”后需要更加关注教育过程公平的现实相矛盾，因此，有必要对高等教育过程公平的研究价值进行必要的再认识和分析。

（一）高等教育过程不公平的现象普遍存在

建设和谐校园不仅对促进我国和谐社会的建设具有重要的促进作用，

对于高校学生的健康发展意义尤其重大，因此，建设和谐校园正成为当前部分高校的中心任务。有学者认为，建设和谐校园不仅能为广大学生提供良好的成长空间和成才氛围，更为重要的是还能为和谐社会培养优秀的建设者，推动和谐社会建设伟大工程的进程。然而，在当今社会转型时期，贫富差距不断加大，社会不公平领域迅速扩张，曾经的“象牙塔”——高校，也无法逃避其影响，这些社会不公平的现象目前已在一定程度上引发了高等教育过程中的不公平，如果这个问题不能及时得到解决，大学生的健康成长也难逃其影响，更不必说高等教育的和谐发展。尽管政府和社会对高校教育中不公平的问题给予了关注，在推进教育公平方面做了诸多努力，但是高校教育的不公平问题并未有多大改善，高等教育公平问题并未因学生跨入高校大门而得到很大的改观。

如今，绝大多数学生和家长是怀着“知识改变命运”的愿景接受高等教育的，他们希望通过接受高等教育来改变其将来的社会地位和人生命运，但就目前的实际来看，不同的学生在获得高等教育资源时差异是很悬殊的，其结果是接受的高等教育在公平性上差别也是非常之大，因此，最终相当一部分人的愿景恐怕会落空。这种差别来自各个方面：在不同高校之间，重点大学和普通高校的学生在享受高等教育资源上有差别；就算在同一所高校，不同的专业之间教育资源的配置也很不公平；在教学过程中，由于教师情感的偏好性等原因，学生受到教师的关怀程度也是不一样；不同社会层次的学生参与社会实践活动的机会也是不平等的；弱困群体在高等教育过程中受到的歧视也是一个不容忽视的问题……如此多的不公，致使一些诸如“知识不一定能够改变命运”“读书无用”的观念正在一些大学生中流行开来，也由此引发了“高等教育究竟能否促进社会公平”的疑问。

正因为如此，高等教育过程公平问题已经逐渐吸引了人们的注意，人们对高等教育公平的关注不再仅仅是能否上学，而且是能否真正在高等教育过程中受到高质量的教育，能否受到适合学生个性发展的教育。正如北京理工大学教授杨东平在答《南方周末》记者问时所指出的“教育不公：机会不平等正转化为过程不平等”。

也正是在这样一种背景下，我们认为高等教育过程公平是一个亟须加强研究的课题。

（二）高等教育过程公平的价值应得到再认识

我国的高等教育大众化使人们有了更多的机会接受高等教育，人们对高等教育的关注与思考更趋于理性化，其中，高等教育公平问题就是日渐引起人们理性思考与关注的焦点问题之一。在高等教育入学机会迅速增加的背后，许多人已经意识到，大学生在入学后所接受到的高等教育的质量与其今后的发展——或者更直接一点说，与其切身利益息息相关。换而言之，如果人们在接受高等教育的过程中遭遇不公，而因此接受的是低质量的或者说是不适合的高等教育，那么对高等教育的接受者来说，影响将是灾难性的。这就是说高等教育过程公平与否，将关系到接受教育者今后的发展及发展的程度，高等教育过程公平的价值可见一斑。

事实上，过程公平才是教育公平更深层次的体现，“过程公平性是贯穿高等教育始终的核心价值取向，也是考量高等教育成败的根本特征”①。一般地，过程公平是指进入高校后学生在接受各种提升自身素质能力的教育机会上的公平，它既是起点公平的延续，又是结果公平的必要前提。起点公平解决的是能否“上大学”的问题，过程公平解决的是能否“上好大学”的问题。所以，研究高等教育过程公平，一方面可以提升我们对教育公平问题思考与体会的层次，另一方面还可以加深人们对高等教育过程中的学生的关注和了解，这些是单纯地研究高等教育入学机会公平所不能及的，这样就很好地体现出了高等教育过程公平研究的价值所在。

（三）对高等教育过程公平的研究相对不足

西方从 20 世纪 80 年代伊始，就已经将高等教育公平作为一个专门的课题加以研究，而我国对高等教育公平的研究时间却不长，因而，研究的程度相对不深，研究的成果相对不足。梳理现有的有关高等教育公

① 李娜．社会分层视野中的高等教育过程公平研究［D］．天津：南开大学，2009：7.

平的研究成果后，我们发现当前学术界对高等教育公平的研究主要集中在对高等教育入学机会获得的公平性的考察上，探讨的焦点主要集中在不同社会阶层人群的子女，在获得高等教育、获得何种层次的高等教育等方面存在怎样的差异，这实际上是对高等教育起点公平的考察与研究。通过对已有的为数不多的有关高等教育过程公平的研究成果进行深入的分析，我们发现高等教育过程公平的研究无论在理论探讨的层面上还是在实践操作的层面上都相当薄弱。虽然有的研究尝试着解释了高等教育过程公平的内涵，探讨了高等教育过程公平的影响因素，提出了一些促进高等教育过程公平的策略，但相关研究还是不够深入和充分，所形成的理论显得较为凌乱与薄弱。

另外，我国高等教育过程公平的研究在内容上还呈现出一种“冷热不均”的现象。现有的对高等教育过程公平的研究，大多集中在宏观层面，中观和微观研究都明显不足，而且已有的研究多是对引起高等教育不公平的制度、资源配置等方面进行描述和分析，缺乏对受教育群体——大学生本身的细致深入的了解，这就难以了解大学生对我国高等教育过程公平的主观感受，难以从大学生内部需要的角度去把握高等教育过程公平，也就难以提出针对性较强的实现高等教育过程公平的方略。这些现状表明：高等教育过程公平的研究内容中，“校内的”比“校外的”少，微观的比宏观的少，人比物少。加之高等教育过程公平的研究中理论分析的多，实证研究的少，基于对这种研究现状的考虑，我们认为从高校内部采用实证的调查研究显得十分必要。

二、研究意义

高等教育过程公平问题是当前高等教育理论研究中亟待解决的重要问题之一。本研究力图从理论上深入研究该问题，科学地把握和理解高等教育过程公平的性质和价值，同时还将运用实证方法探讨高等教育过程公平的各种问题与制约因素之间的关系，高等教育过程公平的实证研究目前尚不多见，所取得的实证研究结论更是少之又少，因此，本研究对促进我国高等教育过程公平具有一定的理论意义和实践价值。

（一）理论意义

“没有被理论精确解释的现实对我们来说太混乱、太难以理解了。”① 事实也确实如此，高等教育过程公平理论成果的缺失，直接导致我国高等教育过程中出现了不少难以言明也难以解答的问题，最终，在实践中制约了高等教育的健康发展。高等教育过程公平理论的发展需要研究者以一种更系统、更明确的方式来解释现实。没有理论的支撑，研究者只能“扫描”到发生的表面事件，而不能了解其深层的原因，也很难建立科学有效的解决方略。本研究的理论意义主要体现在以下两个方面：

1. 从教育社会学的角度探讨高等教育过程公平理论，有利于丰富高等教育公平理论成果。高等教育过程公平是一个涉及多学科的综合性研究课题，尽管前人对这一课题已从不同的角度进行了相关的研究，并取得了一些阶段性成果，这些研究从一定意义上可以说是开阔了高等教育过程公平研究的社会学视野，但是，真正将理论与实证结合起来的研究成果甚少。本研究针对当前高等教育大众化背景下的高等教育过程公平问题，应用社会公平理论和伦理学理论，结合理论分析与实证分析的方法，对影响高等教育过程公平的家庭因素、学校因素、社会因素和个人因素进行了全面而深入的分析，探讨了高等教育过程公平的内涵和构成体系，有利于丰富高等教育过程公平的相关理论。

2. 将高等教育过程公平作为社会公平的重要组成部分进行研究，有利于为促进我国高等教育健康、和谐地发展提供一定的理论支持。高等教育过程公平是高等教育公平中非常重要的有机的组成部分，在社会水平发展到一定程度后，高等教育起点公平已不足以满足人们对高等教育公平的需要，也不能体现社会发展对高等教育提出的更高的要求。仅有高等教育起点公平而没有高等教育过程公平和结果公平（尤其是过程公平）的跟进，那么现有的高等教育还不足以保证每个接受高等教育的公民人生公平。当今学习型社会中，高等教育过程公平更是成为影响一个公民一生的生活质量和生命价值的显示器，因此，从长远一点来说，如

① W. 菲利普斯·夏夫利. 政治科学研究方法［M］. 新知，译. 上海：上海世纪出版集团，2006：2.

果高等教育过程缺乏公平性，高等教育所固有的促进社会良性发展的价值难以发挥。总而言之，从系统构成的角度来看，高等教育过程公平是高等教育公平的有机组成部分；从功能的角度来看，高等教育过程公平是影响高等教育公平价值达成的关键，没有高等教育的起点公平，就不能保证入学机会的平等，但如果没有高等教育的过程公平，就难以充分体现高等教育公平的核心价值。因此，加强高等教育过程公平的研究在为促进我国高等教育的健康、和谐发展等方面能提供理论上的支持。

（二）实践意义

理论研究的最终目的是指导社会实践，只有在指导实践的过程中理论的价值才能得到彰显。高等教育过程公平作为高等教育公平的重要组成部分，越来越多地受到党和政府以及社会各界的关注。本研究从高等教育过程公平的内涵界定入手，通过对不同层次高校属性各异的学生进行访谈和调查，探讨高等教育过程的组成要素与高等教育过程公平之间的关系，考察这些要素在高等教育过程公平中所起的作用，研究其中的问题、原因和对策，这对促进政府、高校和社会进一步关注高等教育过程公平，在实践中切实实现高等教育过程公平将产生积极的作用。

1. 可以引发社会各界更多地关注高等教育过程公平问题。如前所述，我国高校扩招，使高等教育公平在量的方面得到了长足的发展，应当说高等教育的公平性较之以前有所提高，然而，现实中人们对于高等教育的公平性的质疑却愈演愈烈，其关键原因在于我国高等教育资源的短缺使高等教育机会很难有进一步扩大的可能，同时也很难满足人们对高等教育在“质”方面的更高的要求。高等教育资源相对短缺使国家层面的资源配置和高校布局的调整以及高校层面的校内教育资源的分配都难以完全均衡，导致不公是客观存在的，引起了人们对现行高等教育实际运行中公平的质疑。

高等教育现实运行中的公平问题引起社会的广泛关注，引发了人们对高等教育过程公平的讨论。高等教育机会的增加并不表示过程公平也得以实现，过程不公平在高等教育中依然显现，例如，扩招后的高校收费问题、大学生就业难的问题、大学贫困生扶助的问题、高等教育区域发展不均衡的问题、公办与民办高校社会待遇差异的问题、高等教育投入不足的问题等，这些现实问题透视出我国高等教育过程依然严重不公平。这些问题如果不能得到有效的解决，那么不仅高等教育自身公平程度不能提高，而且必将影响我国高等教育的发展，进而影响整个社会的公平性。加强对高等教育过程公平的研究，在一定意义上可以引起国家、政府、社会、高校等各方面给予高等教育过程中存在的不公平现象更多的关注，推动各界在实践中努力探索实现公平的基本方式。

2. 为推进我国高等教育过程公平的进展提供实证分析的启示和参照。本课题研究了高等教育过程公平的结构体系，调查了不同家庭背景、不同个性特征的学生群体，回答了哪些因素对高等教育过程公平具有明显影响的问题。定量研究探讨了不同性质学生群体的高等教育过程公平感的现状，验证了学生家庭基本属性以及个人基本属性与高等教育过程公平有较大相关性的假设，丰富和完善了高等教育过程公平的影响因素研究，提出了促进高等教育过程公平的相应对策，这种理论和实证相结合的研究目前还不多见，在一定程度上可以为提高我国高等教育过程公平的程度提供实证分析的启示和参照。

3. 可以促进高校教师在日常教育管理过程中更多地关注学生。学生是高校之本，教学、科研和社会服务都要以育人为中心而展开。大学不能只强调以科研为中心，也不能只强调以教学为中心，而是应该以学生为中心。高校应树立以“学生满意”为目标的教育、教学、服务观念，从学生的发展需要和切身利益出发，充分尊重学生的利益和需求，并始终置学生于整个教育管理体系的中心地位，以最大限度地满足学生发展的需要。

加强高等教育过程公平的研究，提高过程公平程度，一可以促进教师在日常的教育管理中树立“关爱一切学生”的教育理念；二可以促进教师在教学过程中切实执行平等性教育原则，尊重每个学生的个性发展，引导学生自尊、自重、自励，达成身心素质全面发展和个性爱好充分发展的目标，促进师生心灵的沟通，形成和谐的师生关系，进而构建一种和谐的校园文化氛围；三可以促进教师公平地对待每个学生，为不同家庭背景、不同个性特征的学生从入学到毕业创造一个公正平等的氛围，使每个大学生都能成才，为祖国的现代化建设服务。

第二节　文献回溯与研究问题

对国内外相关文献的梳理，有助于我们回溯高等教育过程的研究历程，总结已有的研究成果，了解当前的研究现状，反思现实中的问题，从而明确研究的方向。通过对国内外有关文献的梳理，我们发现关于高等教育公平的研究成果颇多，但有关高等教育过程公平的成果较少，这对我们在研究高等教育过程公平中借鉴前人的经验带来了一定的困难。

一、文献回溯

本研究从国外和国内两个方面对已有的高等教育过程公平相关文献进行了整理和分析，以期给本研究带来新的启发。

（一）国外研究现状评述

目前，虽然国外冠以教育过程公平或高等教育过程公平的研究的文章和著作尚未看到，但许多学者关于高等教育公平的研究成果对我们进行高等教育过程研究还是有较大的启发。国外很多学者从不同学科、不同视角对高等教育公平问题进行了广泛而深入的研究，在这里只简单介绍与本研究相关性较大的学者及其基本观点。

在现代教育公平理论体系中，美国学者科尔曼（James S Coleman）、克里斯托夫·詹克斯（Christopher Jencks）以及瑞典学者托尔斯顿·胡森（Torsten Husen）等是教育公平理论研究领域里最具有代表性的学者。

1966年美国约翰·霍普金斯大学教授科尔曼向国会递交了《关于教育机会平等性的报告》，这就是著名的“科尔曼报告”。“科尔曼报告”一个突出的贡献在于其对教育机会均等的内涵重新进行了界定。科尔曼认为，教育机会均等不能仅仅局限于靠平等的投入，如平等的教育支出、教师和设备等来衡量，而应将关注的重心转到独立于家庭背景的学生学业成就①。科尔曼认为，有三种家庭资源影响到人们的教育获得：

① 马晓强.“科尔曼报告”述评：兼论对我国解决“上学难、上学贵”问题的启示［J］. 教育研究，2006（6）：29-33.

人力资本、经济资本和社会资本[1]。并且他还特别强调，学生学业成就的差异最重要的原因是学生的教育背景的差异，教育背景主要指社区环境、父母所受的教育及所属阶层[2]。显然，家庭出身背景较为优越者在教育获得机会上也占优势地位。

在报告中科尔曼等提出了关于评价教育公平的四条标准，他在这四条标准中就提到了教育过程公平，即其中的第二条标准——参与教育的机会均等，这条标准是指不同社会出身的组别，有比例相同的人数，得到相同的教育机会，无论在数量上或是质量上他都应得到相等的教育参与[3]。参与各种教育机会在质量上要平等，也就是提出了在教育中"质"的要求，"质"方面的要求则是获得与学生个性相适应的教育。

瑞典学者胡森则提出教育中的机会平等不仅仅是指起点平等和最后的目标平等，还指接受教育的"中介性阶段的平等"，他所提出的"中介性阶段平等"也就是我们说的教育过程公平，意指不同的个体在接受教育的过程中应受到平等的对待，也即教育过程中不同人种、民族和社会出身的人都应得到平等方式的对待。

胡森还提出可以用某些变量测量教育中的机会：其一，学校外部的各种物质因素，包括学生的家庭经济状况、用于学习开支总额等；其二，学校各种物质设施，如实验室、图书馆、建筑物总量等；其三，学生家庭环境中的某些心理因素，如家长的期望、家庭对学生掌握知识的态度；其四，学校环境中的某些心理因素，如教师能力、教师对各学生组的态度等；其五，以教学条件为指标的学习机会[4]。

美国另一位学者克里斯托夫·詹克斯的研究对通过学校来获取教育

---

① Coleman J S. The social capital in the creation of human capital [J]. American journal of sociology，1988，94（1）：95-120.

② 张人杰. 国外教育社会学基本文选 [M]. 上海：华东师范大学出版社，1989：190-191.

③ Coleman J S. Equity and achievement in education [M]. Boulder：Westview Press，1990：134-145.

④ 张人杰. 国外教育社会学基本文选 [M]. 上海：华东师范大学出版社，1989：196-197.

机会均等的问题提出了质疑。詹克斯和他的同事重新分析了科尔曼报告中的资料以及许多其他数据组合，他们指出没有证据表明学校改革能够使校外产生重要的社会变化。詹克斯在1972年出版了《不平等：对美国家庭与学校教育影响的再评价》一书，詹克斯的研究在美国引起了强烈的社会反响，并由此而引发了许多关于“非学校影响”的研究。詹克斯在该书中运用大量数据，通过实证研究表明：受教育机会、取得的学历、职业地位、所得收入、职业满足感等在不同阶级和种族中均呈现不平等的分布状况，而造成这种不平等分布的主要原因在于家庭背景中的环境和遗传因素以及学校外因素。詹克斯认为，即使少数族群学生和白人学生之间的学业成绩差距有所缩小，但成人之间的经济不平等依然存在。学校不能改变学生毕业后的社会地位，甚至学校改革和补偿性教育计划对于改变成人之间的差异也没有实质性的作用。

当然，詹克斯并没有否认学校对于每一个人的重要性，他只是认为学校不能解决社会问题，不能实现社会以及经济上的平等。与科尔曼一样，詹克斯也认为学生的学业成就取决于一个重要因素——他们的家庭背景以及对待教育的态度①。

与科尔曼和胡森主要从教育平等的角度出发来考量教育公平问题不同，詹克斯主要是从教育不公的表现形式来理解和思考教育公平的概念，在其《不平等：对美国家庭与学校教育影响的再评价》一书中，詹克斯列出了下面三个教育不公的表现：第一，教育资源的不均等，不同的个人之间与不同的群体之间，在获得的国家教育资源上十分不均等；第二，学生的入学机会不均等，进入低成本学校（初等与中等教育）的人比进入高成本学校（学前与高等教育）的人更为符合均等的原则；第三，学生选择课程的机会不均等，即使所有的教育都免费，也不足以让人们实际受教育的机会达到均等。这反映了詹克斯对于教育公平概念的认识，其中，第三个论点告诉大家，教育平等不只是入学机会均等而已，教育的本质、特性以及学校教育在社会制度中所扮演的角色与独特

① 珍妮·H. 巴兰坦. 教育社会学：一种系统分析法［M］. 朱志勇，范晓慧，译. 南京：江苏教育出版社，2005：91.

的功能，才是教育机会均等所应重视的课题。

早在20世纪60年代初，英国著名的教育社会学家巴兹尔·伯恩斯坦（Basil Bernstein）就已经对学生的语言与学业成就之间的关系进行了相关论证，并提出了语言编码理论。他指出，来自不同背景的儿童，在他们的早期生活中发展了不同的符码（codes），或者说是说话的形式，这些会影响他们以后在学校的经验①。在伯恩斯坦的语言编码理论中他提出了两种不同的语言习惯，提出这两种语言习惯的依据是语言的不同表现形式。这两种语言习惯分别是：一种是精密型语言习惯，主要在中、上阶层人群中使用；另一种是指主要在下层阶层中使用的语言习惯。在解释为什么来自中、上层阶层背景的学生学习成绩较好而较低社会阶层的学生学习成绩较差的原因时，伯恩斯坦指出，通常在学校内使用的精密型语言习惯，这样来自中、上层阶层背景的学生就在语言的使用上占有优势，对学校课程等的掌握程度会较高，而来自较低社会阶层的学生则相反，由此也造成了学习成绩上的差异。伯恩斯坦的理论主要是从学生语言技能的角度解释了教育中存在的不平等现象。

法国著名社会学家布尔迪厄（Pierre Bourdieu）认为学校是维持社会不平等的工具，他通过对法国高等教育的考察和反思，深入探讨了知识、权力和文化之间的关系，并由此揭示了在貌似公平的高等教育体制和教育行动背后的不平等真相。布尔迪厄对教育过程不公平的解释体现在其代表作《教育、社会与文化中的再生产》一书中，在该书中布氏提出，文化都是“专横”的，教育的过程是试图将统治阶级的文化强加于来自其他文化的个体的过程，结果导致学生在学业成绩上的差异。布尔迪厄的文化资本等概念以及研究方法与理论框架，受到我国学者的高度重视，一些关于高校体制、高等教育与社会分层、流动关系的研究，正是受布尔迪厄的影响、启发而开展的。

美国著名的教育社会学家马丁·特罗（Martin Trow）提出，高等教育大众化的发展不仅要解决个人入学机会的均等问题，同时还必须关注

---

① 张人杰. 国外教育社会学基本文选［M］. 上海：华东师范大学出版社，1989：205.

不同高等教育机构之间的地位平等问题，否则高等教育机构之间差距的扩大化必然带来学生实际受教育过程的不平等，进而影响整个高等教育的持续发展①。

（二）国内研究现状评述

对高等教育过程公平的研究虽然已引起我国学者的关注，但总体来看，当前我国对高等教育过程公平的专门研究还相当薄弱，少量有关过程公平的研究也大多分散在关于高等教育公平研究的论述中。据对与高等教育过程公平有关的文献分析发现，我国近年来关于高等教育过程公平研究具有以下几个特点：

第一，关注对高等教育过程公平概念内涵的解析。通过对现有的关于高等教育过程公平的研究成果的梳理，我们发现，国内学者在研究的过程中形成了以下几种主要观点：

一是"资源公平分享说"。持该观点的学者认为，高等教育过程公平是一种质量公平，如何公平地配置高等教育资源是其核心内容。为此，有学者提出所谓的"高等教育过程公平"就是"公平地分享学校的教育资源，以满足和平衡每个人不断发展的需要，从而使受教育过程处于公正合理状态"②；也有学者认为，高等教育过程公平的实质就是"学生利用高等教育资源的机会均等"③。

二是"适应个性发展说"。持这种观点的学者认为，研究高等教育过程公平时必须看到学生个体之间存在的多方面的差别，研究者应关注受教育者在高等教育过程中如何获得其"应得的东西"，以及受教育者所获得的教育方式是否适合他们的发展。因此，高等教育过程公平就是各类高校要给予学生适应于他们年龄、资质、能力等方面差别的教育，使

---

① 马丁·特罗．独具特点的美国高等教育［J］．郑若玲，译．外国高等教育资料（内部资料），1998（4）：47-48．

② 隋献福．高等教育过程公平的问题与对策研究：以曲阜师范大学为例［D］．济南：山东师范大学，2007：12．

③ 张奎，祁泽平，楼晓悦．高等教育公平、效率与制度改革［J］．宁夏大学学报（人文社会科学版），2004（3）：109-115；122．

“每一位受教育者都能接受到与自身相适应的教育”①，其目的在于“使学生在接受高等教育过程中能够得到充分而全面的发展”②。

三是“弱势群体补偿说”。该观点认为，高等教育过程公平应更多关注弱势群体。因为他们虽然目前境遇不佳，却有可能拥有很好的发展潜力，也就是在高等教育过程中，要通过“特殊的物质帮助和特殊的教育”，“帮助这些群体克服在接受和继续接受高等教育方面所遇到的障碍”③。也有人提出高等教育过程公平就是要在高校中“对处于不利地位的受教育者实施‘积极差别待遇’，以补偿其由于各种外部条件所造成的教育不利地位”④。

四是“发展机会平等说”。持这种观点的人认为，高等教育公平可分为内、外两种形式：在内部表现为在接受高等教育过程中实现个人发展的机会平等，这里的内部公平就是教育过程中的公平，亦即在教育过程中教师要“以各种不同的方式平等对待每一个人”⑤，为每个学生提供同等的发展机会；在外部表现为享有进入各类高等学校的机会均等。

第二，重视对影响高等教育过程公平因素的探讨。为了促进高等教育过程公平必须注重分析影响高等教育过程公平的因素。近年来在关于高等教育过程公平的影响因素的研究中主要提出了以下观点：

一是“主因素影响论”。持该观点的学者提出，高等教育过程公平的影响因素虽多，但其中必有一个主要因素。至于是何种因素，则有不同观点：一是“社会分层影响论”，该观点认为，“在社会分层条件下，各阶层在经济、文化、社会资本等方面差距的客观存在是引发教育过程公

① 刘浪，钟频，陈桂云．高等教育大众化过程中教育公平问题的探析［J］．长沙医学院学报，2008（1）：55-57.

② 翁静．反思我国高等教育公平与效率的关系［J］．福建商业高等专科学校学报，2007（5）：32-35.

③ 赵中建．全球教育发展的研究热点：90年代来自联合国教科文组织的报告［M］．北京：教育科学出版社，1999：417.

④ 曾琴．浅析我国高等教育发展过程中的公平问题［J］．西南民族大学学报（人文社科版），2005（7）：321-324.

⑤ 苟人民．高等教育领域的平等权问题研究［D］．长春：吉林大学，2006：85.

平问题的最直接的原因”①，“优势社会阶层子女，在高等教育过程中更有可能取得优势地位，社会分层扩大了高等教育过程不公平”②。二是“教育分流影响论”，这种观点认为，“分流标准是否合理直接关系到教育的公平与培养人才的成效”③，依据科学分流标准而进行的“合理的教育分流是满足人们日益增加的高等教育需求、实现高等教育公平的必要条件”④。三是“教育制度影响论”，此观点认为，“目前我国高等教育领域出现的非公平现象大多源于高等教育的制度性障碍”⑤，“高等教育过程公平的实现，有赖于一个完善而公平的规则体系的建立与实施”⑥。

二是“二因素影响论”。持该观点的学者认为，高等教育过程公平的影响因素可以从主、客观两个方面加以区分，“客观因素是指教育资源的分配是否平等，包括学校各种物质设施、师资水平等；主观因素是指教师在教育教学过程中是否给家庭背景、智力水平、教养程度及性别不同的学生以平等的对待，包括课程开设、教育教学方法、测验评价等方面”⑦。也有人把主观因素归为“高等教育政策公平与效率价值取向的失衡、高等教育资助制度欠完善”等，把客观因素归为“家庭经济状况的差距”“阶层差距的凸现”“高校地区间分布失衡”等几个方面⑧。

---

① 何知．社会分层中我国高等教育过程公平研究［D］．南昌：南昌大学，2008：26.

② 钟云华，沈红．社会分层对高等教育公平影响的实证研究［J］．复旦教育论坛，2009（5）：56-61.

③ 左崇良．美国高等教育分流的经验及对中国的启示［J］．复旦教育论坛，2006（5）：74-76.

④ 李晓波．教育公平观视野下的高等教育分流研究［D］．武汉：华中师范大学，2003：34.

⑤ 张应强，马廷奇．高等教育公平与高等教育制度创新［J］．教育研究，2002（12）：39-43.

⑥ 李廉水，吴立保．和谐社会视野下高等教育公平的制度设计研究［M］．北京：科学出版社，2010：4.

⑦ 苟人民．高等教育领域的平等权问题研究［D］．长春：吉林大学，2006：85.

⑧ 贾朝霞．我国高等教育公平问题的研究［D］．福州：福州大学，2006：26；28.

三是“三因素影响论”。持这种观点的人认为，高等教育过程公平的影响因素应从宏观、中观、微观三个层面加以分析。有人认为，我国目前女性在高等教育过程中性别公平的影响因素包括宏观的“政策制定的缺失”、中观的“学校教育性别意识淡薄”、微观的“女性自身因素”等几个方面①。也有人认为，高等教育过程公平受宏观的“政府高等教育资源配置”、中观的“学校扩大招生规模”、微观的“教师能力水平存在着差别”等几个因素的影响②。

四是“多因素影响论”。所谓多因素是指三个因素以上，持此影响论者甚多，赋予此影响论的观点也最为繁杂，以四因素为例就有多种观点：一种观点认为影响高等教育过程公平的因素有四，即经济资本、社会资本、文化资本与教育差异③；另一种观点认为影响高等教育过程公平的四个因素为“资源配置不合理”“学科发展不平衡”“教育要求不统一”“教师水平有差别”④；还有一种观点提出“政策因素”“经济因素”“文化因素”与“教育因素”⑤；还有人认为是“高校占有国家资源不同”“个体选择专业差异”“家庭经济状况差异”与“性别影响”⑥。

第三，注重对高等教育过程公平问题的研究。部分学者较重视对目前我国高等教育过程公平中存在的问题进行分析，通过对已有研究的归纳，学者们提出的高等教育过程公平中存在的问题主要表现在以下几个方面：

---

① 王云．高等教育过程中的均衡与公平：基于社会性别理论的视角［D］．石家庄：河北师范大学，2009：28-29.

② 隋献福．高等教育过程公平的问题与对策研究：以曲阜师范大学为例［D］．济南：山东师范大学，2007：29-30.

③ 王处辉，李娜．在当前我国高等教育过程中的不平等研究：基于对某高校农村学生群体的调查［J］．清华大学教育研究，2007（4）：36-41.

④ 黄小文．高等教育过程中存在的公平问题及其对策［J］．湘潭师范学院学报（社会科学版），2006（6）：143-145.

⑤ 何丽君．高等教育性别与公平问题探究［J］．江苏高教，2000（1）：67-70；78.

⑥ 任兴祥，孙毓英．综合考察高等教育公平问题［J］．江苏高教，2000（1）：64-66.

一是资源配置不公。有人认为，我国高等教育过程中资源配置存在不公平的现象，国家和地方政府在高校投入中，“经费主要倾向于‘211工程’、‘985工程’等重点院校和重点学科”①，因此，“重点大学的学生比一般院校的学生在接受高等教育的过程中享受了更多的教育资源，接受了更高质量的高等教育，这对于一般院校的学生来说是不公平的”②。就算在同一所高校中，学生在享用教育条件时，“不同学科和专业之间存在着明显的差异性”，“教学条件、教学设施及师资配备的差异性影响着教育过程的公平”③。

二是忽视个性发展。有人提出，“由于受教育资源尤其教师水平的限制，一般高校设置的选修课数量不多、种类极为有限而且质量不高，学生往往很难选到自己感兴趣的选修课程”④，导致学生的个性难以得到相适应的发展。另外，有的高校“强调教学的标准化、同步化、统一化，忽视城乡学生之间的个性差异及其个性发展的需要，教师完全一致地对待具有不同个性的学生，用同一个模式，没有区别地对待所有学生，表面上的公平，实质上是不公平”⑤。

三是歧视弱势群体。弱势既包括经济弱势，也包括地域弱势、身体弱势等，贫困生、农村学生、残疾人等是高校中常见的弱势群体，在高等教育过程中，他们理应得到特殊关爱和照顾，然而实际上他们往往容易受到歧视。比如在残疾人的教育问题上，有人提出，我国“残疾人在物质上的障碍仍没有得到根本的解决，尤其体现在大学校园的无障碍设施和教育支持系统建设的落后上。在人文环境上，接收残疾人大学生的

---

① 刘小瑜，胡红霞．我国高等教育公平程度的评价指标体系［J］．统计与决策，2008（8）：61-63.

② 徐冉．浅析我国高等教育公平存在的问题［J］．内蒙古师范大学学报（教育科学版），2008（3）：30-32.

③ 隋献福．高等教育过程公平的问题与对策研究：以曲阜师范大学为例［D］．济南：山东师范大学，2007：22.

④ 徐冉．浅析我国高等教育公平存在的问题［J］．内蒙古师范大学学报（教育科学版），2008（3）：30-32.

⑤ 沈慧．终身教育视野下城乡高等教育公平问题研究［D］．长沙：湖南农业大学，2007：21-22.

高校应该建设相应的校园文化，使残疾人大学生避免受到歧视，从而使他们能够切实融入整个校园”①。

四是参与机会不均。有学者认为，不同家庭背景的学生在高等教育过程中参与各种活动的机会是不均等的，以家庭经济状况为例，“来自富裕家庭的学生，更多担任学生干部，在群团拓展、人际交往、自身能力培养方面获得了更多机会”②。与此相对地，来自贫困家庭的学生在参加社团活动方面受到不同程度的制约，由于“学校的社团活动在一定程度上排斥了来自贫困家庭学生的参与，这在一定程度上影响了贫困生各方面能力的提升”③。参与机会不均必然会造成学生在高等教育过程中所享受到的教育资源不公平。

第四，强调对促进高等教育过程公平的对策探讨。合理的对策是实现理想的必要条件。为促进我国高等教育过程公平，学者们提出了许多对策。分析研究这些对策，我们大致可以将它们归为宏观、中观、微观三个层面。

一是宏观层面的对策。有学者从宏观的国家层面，提出了促进高等教育过程公平的对策。在高等教育资源配置体制方面，有人认为，“在高等教育过程中，教育资源配置造成优质资源不均等以及文化资本嵌入教育过程之中所形成的不公平，必须通过制度化的社会支持体系构建来促进教育过程的公平”④，“政府作为社会资源的整合者和管理者，在高等教育资源的配置过程中，应把实现教育公平作为最重要的目标和理想，使各个利益主体之间形成一种有效的平衡机制，使社会公众的合理需求得到最大的满足”⑤。在弱势群体资助体制方面，有学者提出，“实

① 马明，武红军，谭寒．教育公平视野下残疾人高等教育研究［J］．高校教育管理，2009（5）：36-39.

② 苏叶兰，詹莎．社会阶层流动视阈下的高等教育公平探析［J］．江西社会科学，2010（6）：207-212.

③ 陈立鹏，刘燕青．高等学校中贫困学生教育公平问题研究［J］．大学教育科学，2009（4）：101-105.

④ 李廉水，吴立保．和谐社会视野下高等教育公平的制度设计研究［M］．北京：科学出版社，2010：4.

⑤ 何知．社会分层中我国高等教育过程公平研究［D］．南昌：南昌大学，2008：35.

现高等教育的公平应遵循‘全面补偿’的原则，也就是在继续注重对贫困的英才给予必要的经济补偿时，更要加强对弱势群体子女的补偿”①，“国家应在实行收费上学制度的同时，完善对经济困难学生的资助政策，加大落实‘奖、贷、助、补、减、免’等措施，切实保障经济困难学生进入高校的机会以及进入高校后能顺利完成学业”②。

二是中观层面的对策。也有学者从中观的高校层面提出了包括校内资源合理分配、科学设置课程、建设师资队伍、合理校内分流等多方面内容的对策。在校内资源合理分配方面，有人认为“学校应合理分配有限的教育资源，提高资源的利用率，以优势学科、专业带动一般的学科、专业，达到共同发展”③。在科学设置课程方面，有人提出，“高校在强调专业基础课和专业方向课构成专业课程的同时，注重充实选修课的内容，开设信息科学课程、边缘科学课程、交叉科学课程等新兴学科课程，以促进学生接受高等教育过程的公平”④。在师资队伍建设方面，有人认为加强师资队伍建设，“促进学校办学水平与层次的提升，从而保证学生接受到更好的高等教育，进而保障高等教育过程公平的实现”⑤。在合理校内分流方面，有学者认为，在高等教育过程中，通过合理分流、因材施教，使每个人都能得到较好的发展。这样，有利于帮助每个人发挥自己的特长与优势，实现人生的自我价值⑥。

三是微观层面的对策。还有学者从加强师生互动、提高学生主动性、

---

① 董泽芳，李晓波. 高等教育公平观与高等教育分流［J］. 中国地质大学学报（社会科学版），2003（5）：55-58.

② 肖润花. 浅议高校内部的教育公平［J］. 成都大学学报（教育科学版），2007（4）：27-28.

③ 黄小文. 高等教育过程中存在的公平问题及其对策［J］. 湘潭师范学院学报（社会科学版），2006（6）：143-145.

④ 刘煦. 山东省高等教育公平保障体系的构建研究［D］. 天津：天津大学，2007：49.

⑤ 隋献福. 高等教育过程公平的问题与对策研究：以曲阜师范大学为例［D］. 济南：山东师范大学，2007：34.

⑥ 董泽芳，李晓波. 高等教育公平观与高等教育分流［J］. 中国地质大学学报（社会科学版），2003（5）：55-58.

增强学生公平意识、增加学生参与活动的机会等微观方面提出了促进高等教育过程公平的对策。在加强师生互动方面，有人认为，“加强对话，在互动中超越既定的交往载体。在交往双方主体性高扬的民主的、平等的师生关系下，大学课堂成为师生生命涌动和成长的舞台，对话则是舞台的有力支柱”①。在提高学生主动性方面，有人提出，“在课堂教学中，注重发挥学生的主动性，让学生在学习中学会参与，在参与中学会学习”②。在增强学生公平意识方面，有人提出，“首先要提高学生争取接受高等教育的公平意识和权利……同时也要求广大学生积极争取教育公平的权利”③。在增加学生参与活动机会方面，有人认为，“只有在增加实习机会总量的基础上，采取向弱势阶层倾斜的措施，尽量把各种不公平的因素降到最低，才可能使各阶层享有社会实习的机会平等，也才能使高等教育过程尽可能趋向公平合理”④。

总的来说，目前高等教育过程公平研究的方法比较单一，定性分析的多，缺乏对高等教育过程公平全面、深入的调查，因而实证研究的少，在研究过程中定性分析与实证研究相结合的就更少了，这不能不说是一个遗憾。

二、研究问题

基于上述现实背景与理论背景，本研究试图通过学生的主观视角，对微观层面的高校内部的教育公平问题进行研究，探讨高等教育过程公平的内涵和维度，通过透析高校教育过程公平中存在的现象与问题，建立基于大学生主观感受的教育过程公平测量量表。在此基础上，进一步分析学生个体差异和家庭背景差异对高等教育过程公平的影响，探究高

---

① 常丽丽．大学课堂教学交往的缺失与追寻［J］．太原师范学院学报（社会科学版），2006，5（3）：143-145.

② 陈星波．民族高等教育发展的几点思考［J］．云南民族大学学报（哲学社会科学版），2008，25（2）：152-156.

③ 隋献福．高等教育过程公平的问题与对策研究：以曲阜师范大学为例［D］．济南：山东师范大学，2007：36.

④ 何知．社会分层中我国高等教育过程公平研究［D］．南昌：南昌大学，2008：38.

等教育过程公平的作用机制，以便为高校的教育改革和管理实践提供一定的理论依据，使之更好地为学生服务，为学校发展服务，进而推动我国高等教育过程公平的实现。

基于上述目的，在本研究中，主要尝试探讨高校教育过程公平的内涵、维度、个体差异和影响效应等问题。具体而言，又包含以下几个方面的内容：

1. 有关高等教育过程公平的理论问题。包括：什么是高等教育过程公平？如何认识高等教育过程公平的本质？可以从哪几个维度来考察我国高等教育过程公平？高等教育过程公平的基本内容及其表现形式如何？高等教育过程公平可以用哪些理论来进行分析？这些理论对分析高等教育过程公平有哪些启示？

2. 有关高等教育过程公平的实证问题。包括：当前我国高等教育过程公平的程度如何？高等教育过程公平的影响因素主要有哪些？各种因素与高等教育过程公平的作用机制如何实现？高等教育过程不公平的表现有哪些？造成高等教育过程不公平的原因主要是什么？

3. 有关我国高等教育过程公平的实践方略的问题。包括：提高知识学习过程公平的程度的方略有哪些？创新科学研究过程公平的思路有哪些？改善社会实践过程公平的方法有哪些？优化评优评奖过程公平的路径有哪些？增强弱困扶助过程公平实效的途径有哪些？提升人际交往过程公平能力的对策有哪些？

第三节　研究视角与研究方法

对高等教育过程公平的研究需要从多个研究视角，运用多种研究方法进行综合性的研究，这样才能对其本质有一个较为清晰的认识。

一、研究视角

本研究综合运用了社会学、经济学、公共财政学等多门学科知识，从社会学、经济学、公共财政学等视角对高等教育过程公平进行观察和思考，以期在对高等教育过程公平的认识上有所突破和发展。

（一）社会学视角

社会学视角与社会学分析是紧密相关的。教育问题的社会学分析简而言之就是指将教育问题置于社会的大背景之中进行综合的、科学的分析，以探讨教育问题与政治、经济、文化、科技等因素之间的相互关系。具体而言，就是从宏观方面研究教育与整体社会之间的关系及其功能，从中观方面研究教育与区域社会之间的关系及学校内部的社会关系，从微观方面研究教育过程中的有关社会学问题①。

从本质上讲，社会学研究视角与政治学、经济学、伦理学、教育学等其他研究视角有方法论上的区别。基于社会学的研究视角是以“社会事实”为研究的基点，以探询“社会事实”的内在逻辑为最终研究目的的，长期以来，社会学家们都坚持着这种观点。涂尔干也认为社会学的研究对象就是“社会事实”，在其著作《社会学方法的准则》一书中，他曾做过系统的论述：“这些特殊的事实存在于产生了它们的社会本身之中，而不存在于这个社会的局部之中，即不存在于它的成员之中。……社会事实与心理事实不仅有质的不同，而且它们的基质也不同，两者在不同的环境下演变，也不取决于同样的条件。这并不是说社会事实不具有任何心理性质，因为它毕竟表现为思想或行为的方式。”②

虽然大部分社会学家在社会学的研究对象是“社会事实”这一点上并无多大的分歧，但是当前社会学界对何谓“社会学的视角”与“社会学的理论视阈”这些问题却还没有形成一个较为统一的观点或言说。由于不同的社会学理论流派研究的旨趣不尽相同，其研究的方式和方法也存在相当的差异性，因此，社会学家们在论述的理路和呈现问题的方式上也就很不同。尽管如此，社会学学科的特性决定了其必定有自身的研究对象和研究方法，即社会学所关注的共同的问题。那么，社会学关注

① 董泽芳，张国强．我国大陆教育社会学研究的特点与演变（1979—2005）：基于对教育社会学重建以来概论性著作的文本分析［J］．高等教育研究，2007（7）：17-24.

② E．迪尔凯姆．社会学方法的准则［M］．狄玉明，译．北京：商务印书馆，1995：12.

的共同问题有哪些？我们有理由认为，这些最根本的共同问题包括：社会到底是什么？社会是怎样构成的？社会是如何运行的？社会又是以怎样的形式变化发展的？社会与人的关系如何？人与人之间又是以怎样的关系互动的？诸如此类的问题还有很多，经典的社会学理论对这些问题的持续关注，已经发展形成了社会学的一整套核心范畴，包括：结构、功能、冲突、权力、利益、体制、合理化、合法化，如此等等。这些社会学核心范畴为人们洞察社会现象提供了重要的理论依据和方法论基础，促使人们用社会学的思维方式去审视社会中出现的一系列问题。

分析当今主要的社会学理论，我们可以发现尽管在各自的研究旨趣和方法上存在差异，但整个社会学的研究还是逐渐呈现出一些主流的趋势，大致可以概括为以下几个方面：一是关注现代性，即在研究中关注现代社会的根本特点；二是强调情境性，即在研究中强调各种社会事实之间的现实情境关联；三是注重反思性，主要包括行动者的反思性、研究者的反思性以及社会自身的反思性。总体看来，社会学研究的领域非常宽泛，触及社会生活的各个方面、各个层次，值得一提的是，很多社会学家对教育领域的诸多问题进行了深入的分析和研究，这些社会学家的研究成果为我们从事教育领域的社会学研究提供了理论上的支撑。

高等教育系统是社会大系统的有机组成部分，对其进行研究离不开社会学的视角和方法，其中的高等教育过程公平问题从本质上说也是一种“社会事实”，因此理应从社会学的视角进行分析和研究。所谓“高等教育过程公平的社会学分析”是指运用社会学中的相关理论与社会学研究中的方式对作为一种“社会事实”与“事件”的高等教育过程公平进行的分析和研究。本研究的基本出发点是：高等教育过程公平这一社会事实绝不是个别现象，而是类现象，那么，我们就不能简单地、孤立地去看待这个问题，而应该充分考虑到高等教育过程公平问题的复杂性。只有将高等教育过程公平放在社会这一宏观背景下，在研究过程中使宏观背景与微观情景相结合，既关注高等教育过程公平问题的群体性，又关注高等教育过程公平问题的个别性，既关照其普遍性，又研究其特殊性，充分认识其与现实情境之间的内在关联性，并运用社会学的概念、范畴与研究方法进行深刻的分析，这样才能真正揭示出高等教育过程公平问题的原因，并为构建一种有效地促进高等教育过程公平实现的机制提供强有力的理论支撑。

（二）经济学视角

经济学视角是研究高等教育过程公平的另一个经典视角，研究高等教育过程公平无论如何是避免不了要涉及高等教育资源的分配与占有的，资源的分配与占有公平与否也决定了高等教育过程公平的程度。然则高等教育资源的分配与占有就是一个典型的经济学问题。因此可以说，高等教育过程公平离不开经济学视角分析的范畴。纵向考察教育资源分配方式的发展历程，大致可以归纳分为三个阶段，即权利公平阶段、能力公平阶段以及金钱公平阶段。在权利公平阶段，教育资源分配与占有的主要依据是父母的社会地位和政治权力；在能力公平阶段，教育资源分配与享受的主要依据是学生的能力；在金钱公平阶段，教育资源的分配与受教育者分担教育成本结合在一起。三个阶段的划分与人们对教育的认识逐步加深是分不开的，随着社会的发展，人们对教育在推动社会发展和提升个人生活品质方面的作用的认识越来越深刻，如今，能力与金钱的结合，是大多数国家高等教育采用的主要方式①。

我国高等教育资源的分配在较长的时间里一直遵循的原则是"效率优先，兼顾公平"，这种分配模式在高等教育资源十分有限的情况下，对提高高等教育效益是有一定积极作用的，然而必须看到，该模式是以损害公平为前提的，要提高高等教育过程公平程度，高等教育资源配置原则应有所改变，公平应是第一位的。

二、研究方法

科学研究方法论是"我们意之为研究过程的哲学"，它包括"假设和作为研究的基础理论的价值，以及研究人员用作解释资料和获得结论的标准和尺度"②。根据此定义，我们可以把教育研究方法论理解为关于

① 陈玉琨．试论高等教育的公平与效率问题［J］．上海高教研究，1998(12)：20-23.

② 肯尼斯·D. 贝利．教育研究的理论与实践［M］．李学农，王晓柳，译．南京：南京师范大学出版社，2001：31.

“教育研究过程的哲学”，它能够为从事教育研究的研究者研究教育问题提供一种理论上的指导，并有利于研究者根据研究的具体对象和研究的实际内容有针对性地选择科学的研究方法。本课题研究的是高等教育过程公平的问题，由于该问题和社会规范、高等教育的价值观关系密切，所以，需要笔者从社会学的角度去考察，通过理论研究与实证研究相结合的方式，运用社会学中的人口学差异的研究方法以及文献法等，对该问题进行深入的研究，并且通过个案调查分析的方法以便更直观清晰地发现问题，并剖析高等教育过程不公平的根本原因。

（一）文献法

文献是记录相关知识的有效载体，包括那些记录已发表过或尚未发表但已经被整理、报道过的知识以及其他相关信息的一切载体，如图书、学术论文、学位论文、档案资料等。文献分析法就是通过对相关文献进行查阅、整理、思考、分析，对所设计的研究问题和结论进行抽象归纳、逻辑演绎、辨证分析等，进而抽取出与研究问题相关的研究成果，了解研究进展状况，发现研究问题，继续开展突破性研究的方法。在本研究中，文献分析法的主要作用在于：一是获取高等教育过程公平理论研究的最新成果，以便能把相关研究的成果运用到高等教育过程公平的研究中，高等教育过程公平的研究不同于教育中的公平研究，它在于高等教育过程的特殊性的意义，所以科学合理地把公平理论运用到高等教育过程公平的研究对于丰富现阶段高等教育公平理论以及运用该理论解决高等教育过程公平问题都具有重大而积极的意义；二是通过对高等教育过程公平相关文献的比较分析，总结归纳出一些具有共性的东西，对后续研究中合理地划分高等教育过程公平的维度，科学地确定理论依据和实践依据具有重要的启示；三是获取相关其他学科的资料，为高等教育过程公平的分析找到充分的论据，这些相关学科包括社会学、经济学、法学等。我们为了确保本研究的创新性以及划分高等教育过程公平的维度更加科学合理，在研究之前就对与高等教育过程公平有关的历史文献、法规等多种资料进行了收集和整理，以寻找高等教育过程公平存在的问题及其原因。

（二）调查法

公平，是社会学研究的重要领域之一，高等教育过程公平问题与教育社会学中的调查研究法密切相关。美国学者莫顿·亨特指出，社会科学是建立在系统考察取得的具体数据基础之上的科学，这些数据“必须被进一步的观察和实用所证实或修正”①。因此，运用调查法研究高等教育过程公平是可行的，也是必要的。

在研究高等教育过程公平时，我们首先要对下列几个问题进行深思熟虑：我们应该从哪几个层面来探讨高等教育过程公平问题？从学生个人基本信息和家庭基本信息等因素来分析高等教育过程公平有哪些可能性和必要性？如何运用社会公平理论来指导高等教育过程公平的研究？对于上述问题的研究都需要我们经过深刻的分析以及调查求证。另外，本研究还需通过实地调查访谈，总结分析高等教育过程不公平的表现以及造成这些现象的原因，从而有针对性地提出解决高等教育过程公平问题的实践方略。

具体而言，本研究首先运用访谈法初步了解高等教育过程公平的现状以及存在的问题。访谈法是研究者收集调查对象相关资料的一种替代方法。在访谈的过程中不让调查对象亲自阅读并填答问卷，而是由研究者口头提出问题由调查对象作答，并记录调查对象的回答。深度访谈的作用在于可以真实地了解调查对象对研究者所要访谈问题的真实想法，并因能了解到调查对象的真实体验，而为研究者提供了相应的从特殊情况到一般性结论的科学的依据。在本研究中，我们主要通过对高校领导、教师、学生等进行访谈，清楚地了解他们作为不同的相关群体对高等教育过程公平的不同认识，以便能获得第一手资料，为我们深入研究高等教育过程公平提供直接的论据和论点。为了对该问题进行深入的研究，我们对湖北省武汉市不同类型高校的领导、教师、学生进行了深度访谈，初步对现实中高等教育过程公平问题有了一个大致的了解，对现实中存在的公平问题进行了归类，试图从一种新的角度来解释现实中存

① 莫顿·亨特．社会研究方法新论：人类行为的科学研究［M］．郑建宏，易国庆，王明华，译．武汉：华中理工大学出版社，1989：3.

在的高等教育过程不公平的现象。

为了对高校学生有关高等教育过程公平的态度和评价有一个更详细、精确的把握，我们还采取了问卷调查的方式收集资料。这样做的原因，主要是基于量化研究的以下几点优势：一是问卷调查可以帮助研究者迅速收集到研究所需要的信息；二是可以比较方便而科学地确定其作为研究工具的可信度和有效性；三是可以借助各种统计分析的方法了解研究对象的内在结构；四是可以同时对多个变量进行考察，有利于探索两个或者两个以上变量之间的关系。

（三）统计分析

本研究收集了湖北、广东、湖南、河南、新疆以及重庆等省（区、市）的13所不同层次、不同类型的高等院校的调查问卷，问卷对来自不同高等院校的学生的基本信息、在校期间的基本情况以及学生关于高等教育过程中各种活动的公平感等方面做了调查。为研究分析高等教育过程公平的现状、影响因素、各因素与高等教育过程公平的内在联系提供了依据。

为了对高等教育过程公平的现状以及各种因素影响程度进行解释，本研究采用了统计分析的方法，对从湖北等省（区、市）的13所高校收集到的1777份有效问卷进行统计分析，从高校学生学习过程公平的六个维度对高等教育过程公平的现状作了描述性统计，然后运用单因素方差分析的方法对比分析了不同学生的个人基本属性、家庭基本属性与高等教育过程公平之间的关系，从而考察高等教育过程不公平的表现及其原因。

第四节　研究思路与研究框架

一项研究需要清晰的分析思路以及严谨的分析框架，这也是一篇学术论文得以高质量完成的必要前提。高等教育过程公平的研究应借鉴前人的研究成果，将高等教育过程公平的理论探讨与实践探索紧密结合起来，把国内外有关高等教育过程公平的研究有机地结合起来，为促进我国高等教育过程公平的实现作出新的、有益的尝试。

一、研究思路

本研究将以高等教育过程中的公平性为研究对象，从社会学分析的角度来考量高等教育过程，即探讨高校学生的个人基本属性和家庭基本属性对其在接受高等教育的过程中的公平性产生的影响。具体而言，我们将从高校学生在校期间的知识学习过程、科学研究过程、社会实践过程、人际交往过程、评优评奖过程、弱困扶助过程六个维度，综合对高等教育过程公平状况进行较全面的、动态的考察。为此，本研究的基本逻辑：围绕“高等教育过程公平社会学分析的视角下，什么是高等教育过程公平，考察高等教育过程公平的维度，影响高等教育过程公平的因素，当前我国高等教育过程公平的程度、不公平的表现及其原因，实现我国高等教育过程公平的方略”等问题逐步进行研究，力图为充实高等教育过程公平理论和提升我国高等教育过程公平水平作一些有益的探索。

具体而言，主要包括以下步骤：第一步，提出问题。从现实背景与理论背景出发，提炼出本研究所要探讨的具体问题。第二步，文献述评。广泛阅读国内外文献，并对文献进行归纳整理，构建本研究的理论框架，为研究的进一步开展做好理论上的铺垫。第三步，研究设计。主要是定义研究变量，建立研究假说以及设计研究问卷，将现实与理论相结合，并选取合适的研究对象进行调查研究。第四步，实证分析。收集数据，选择合适的研究方法对问卷进行有效分析，对假说进行验证，并讨论分析结果，探究高等教育过程公平的程度、不公平的表现及原因。第五步，提出促进高等教育过程公平的实践方略。第六步，总结回顾和研究展望。包括研究总结、研究的局限性及对未来研究的展望。

本研究将理论与实际相结合的基本思路贯穿其中，也即对于高等教育过程公平这样一个实际存在的问题进行有一定深度的理论分析，研究的具体技术路线如图 1-1 所示。

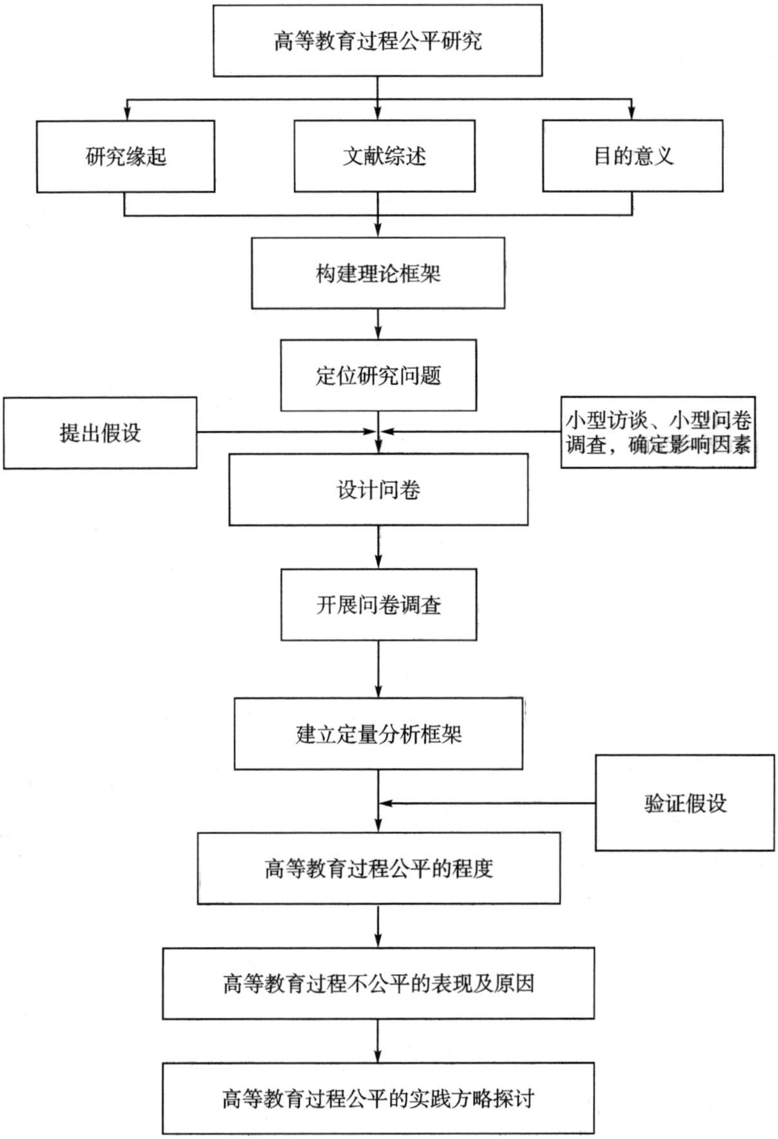

图 1-1　高等教育过程公平研究技术路线图

二、研究框架

从整体来说，本研究的逻辑分析框架遵循了“质（定性）—量（定量）”这一基本过程。我们首先进行文献研究，确定本研究的基本理论，再结合探索性研究中的深度访谈环节，确定本研究的逻辑分析框架，然后通过实地调研、数据采集，进行量化数据的收集，进而通过对数据的分析来探讨高等教育过程不公平的表现及其原因，最后得出研究结论并提出相应的实践方略。具体来说，本研究的框架如下：

第一章是导论部分。本章阐述了研究高等教育过程公平的选题缘由和研究意义，提出了研究的问题，介绍了研究视角和研究方法，阐述了研究思路和研究框架。经研究前人的成果，我们发现目前有关高等教育过程公平的研究非常少，更加缺乏关于高等教育过程公平的实证研究。因此，本研究选择从社会学的视角出发，从高校学生的层面进行研究，并确定了思辨和实证相结合的研究方法，特别是引入了统计学方法中的单因素方差分析，以期探讨高等教育过程公平的影响因素以及各因素对高等教育过程公平的影响程度。

第二章是高等教育过程公平研究的理论基础部分。本章首先审视了高等教育过程公平研究中的相关概念，在此基础上提出自己的基本观点，并对核心概念进行了必要的界定；其次对高等教育过程公平的考察维度进行了分析，提出高等教育过程公平可以从知识学习过程公平、科学研究过程公平、社会实践过程公平、评优评奖过程公平、弱困扶助过程公平、人际交往过程公平六个维度进行考察；最后探讨了高等教育过程公平相关理论。

第三章是高等教育过程公平的实证研究部分。我们力图从高校学生的层面，运用实证的方法，探究高等教育整体过程中的公平性问题。本章首先简单介绍了本研究的调查目的与意义、内容与对象、思路与方法，接下来运用统计学方法对调查数据进行了详细的分析，具体讨论了高校学生的知识学习、科学研究、社会实践、评优评奖、弱困扶助、人际交往等过程的公平程度。

第四章是我国高等教育过程不公平的分析部分。本部分首先列举了我国高等教育过程不公平的表现，具体是指知识学习、科学研究、社会实践、评优评奖、弱困扶助、人际交往六个维度上的不公平；其次分析了造成我国高等教育过程不公平的原因，指出：忽视权益、强调一统是学习过程不公平的根本原因，资源不足、配置失衡是科研过程不公平的主要原因，机会偏少、基地不稳是实践过程不公平的直接原因，态度不端、程序失范是评优过程不公平的重要原因，政策缺失、资助不力是扶困过程不公平的外在原因，环境不良、性格缺陷是交往过程不公平的内在原因。

第五章是实现我国高等教育过程公平的路径选择部分。在前面章节探讨理论、分析现状和剖析原因的基础上，从知识学习过程、科学研究过程、社会实践过程、评优评奖过程、弱困扶助过程、人际交往过程等方面提出促进高等教育过程公平的实践方略。

最后是结语部分。在这一章中，对本研究的主要研究创新点进行了总结，并分析了本研究的不足之处，对我国高等教育过程公平的研究前景进行了展望。

第二章　高等教育过程公平研究的理论基础

教育公平是当今社会崇高的人本价值追求之一。至20世纪中叶，教育公平已经成为保障人权的重要内容之一。1948年，联合国大会通过并颁布的《世界人权宣言》规定，人人都有受教育的权利；1960年，联合国教科文组织第十一届会议通过了《取缔教育歧视公约》。从那时起到现在，教育公平一直是世界各国教育改革浪潮中备受关注的问题，已经成为现代教育的基本价值之一。高等教育过程公平是教育公平的重要组成部分，对高等教育过程公平的追求也理应成为我国高等教育的核心价值之一，但目前愈来愈显现的高等教育过程不公平现象已成为高等教育价值实现的瓶颈。本章在对相关理论分析的基础上，针对我国高等教育过程公平的基本现状，分析和界定高等教育过程公平的内涵及其考察维度，进而构建研究高等教育过程公平的理论框架。

第一节　核心概念的界定

为了全面地、深刻地研究现阶段我国高等教育过程公平问题，很有必要先清楚地辨析几个与之密切相关的基本概念，诸如：公平、教育公平、高等教育公平以及高等教育过程公平。

一、公平

公平是人类社会最古老的概念之一，自有人类社会以来，公平即存在于各种社会关系之中，人们常常以“公平”来考量一个社会的进步程度。然而，公平又是最具争议的概念之一，它的内涵往往随着社会的发展而有所不同，因此，需要在特定的历史时期和社会环境下诠释公平，这又诚如美国学者博登海默感叹“正义”一词的多义：“正义有着一张普罗透斯似的脸变化无常，随时可呈不同形状并且有极不相同的面貌。当我们仔细查看这张脸并试图解开隐藏在其表面之后的秘密时，我们往往会深感迷惑。”[①] 然而，这并不是指公平是一个不可言说的概念，因为公平的概念虽然纷繁复杂，但还是有其内在的质的规定性的。

公平经常被人们用来作为考量社会进步的重要尺度。从词义来看，“公平”一词包含“公”和“平”两方面的意思。所谓“公”，它内含着“正义”“公正”“合理”等意思，强调的是“正当”“公道”以及“合理性”，它要求人类社会的规则既要符合规律又要符合目的，带有明显的价值取向。“平”具有“平等”“平衡”之意，强调的是“相同”或“相等”，它内在地要求人类社会在分配权利和利益时要平等或平衡。在本质上，公平，一方面指社会成员享有的各种社会权利均等，所处的社会地位平等，社会富含正义、公正以及合理；另一方面也指在利益分配时各个社会成员能有均等的机会，利益分配的结果要公正。

从历史上看，公平的理念源远流长，是一个吸引无数学者永恒追寻与探究的主题。早在两千多年前，孔子就提出了“不患寡而患不均”，这里就富含着公平的思想。《吕氏春秋·贵公》中则认为“公则天下平矣，平得于公”。毕达哥拉斯认为，公平实际上是数的某一种推理形式，是天平秤上的一种均等。柏拉图提出，公平就是每个人在国家里面担任一种最适合于他天性的职务，即在社会中“各司其职、各守其序、各得其所”。他强调一个人“不论立辞或行事都永远应当着眼于公正”[②]。亚里士多德认为，公平体现在一种均衡的关系中，公平是“百德之总”，公平就是一种行为的中庸[③]。古罗马法学家乌尔庇安对公平的定义是：

---

① E. 博登海默. 法理学：法哲学及其方法［M］. 邓正来，姬敬武，译. 北京：华夏出版社，1987：252.

② 周辅成. 西方伦理学名著选辑：上卷［M］. 北京：商务印书馆，1964：213.

③ 夏文斌. 走向正义之路：社会公平研究［M］. 哈尔滨：黑龙江教育出版社，2000：221.

“公平乃是使每个人获得其应得的东西的永恒不变的意志。”① 中世纪经院哲学家和神学家托马斯·阿奎纳则认为公平是“一种习惯，依据这种习惯，一个人以永恒不变的意愿使每个人获得其应得的东西”②。当代伦理学家麦金太尔认为：“公平是给每个人——包括给予者本人——应得的本分。”③ 当代西方国家研究公平问题的集大成者罗尔斯（John Rawls）认为：社会公平是一个社会制度的首要价值，要通过公平原则来调节主要的社会制度，从全社会的角度来处理这种出发点方面的不平等④。在其宏大著作《正义论》中，罗尔斯提出了著名的关于公平的三原则，这也是迄今为止国际学术界较为公认的“三原则公平理论”。该理论实际包括两个层次上的三个原则：第一层次是平等自由的原则，即每个社会成员都有获得最广泛的、与他人相同的自由的权利；第二层次是机会的平等原则和差别原则，即社会上的地位、职位、利益均应对所有人开放以及用“补偿利益”的办法来保证处于不利社会地位的人的利益。他还安排了三个原则的优先性次序，其中，第一个原则优先于第二个原则，第二个原则优先于第三个原则。同时，罗尔斯界定了两种性质的公平：一种是均等性的公平，意为平等地对待相同者，其实质是一种水平性的、横向性的、平均性的公平，例如人生而平等，法律面前人人平等；另一种是非均等性的公平，意为“不均等地对待不同者”，这实质是一种垂直性的、纵向性的、不均等的公平，例如多劳多得、贡献大者先富等。

公平的问题在马克思、恩格斯的著作中，也是一个经常被谈论到的话题。在马克思、恩格斯看来，“真正的自由和真正的平等只有在共产

---

① E. 博登海默．法理学：法哲学及其方法［M］．邓正来，姬敬武，译．北京：华夏出版社，1987：253.

② E. 博登海默．法理学：法哲学及其方法［M］．邓正来，姬敬武，译．北京：华夏出版社，1987：254.

③ 阿拉斯戴尔·麦金太尔．谁之正义？何种合理性［M］．万俊人，吴海针，王今一，译．北京：当代中国出版社，1998：56.

④ 夏文斌．走向正义之路：社会公平研究［M］．哈尔滨：黑龙江教育出版社，2000：11.

主义制度下才可能实现；而这样的制度是正义所要求的”①。他们还指出：“在共产主义社会高级阶段，在迫使个人奴隶般地服从分工的情形已经消失，从而脑力劳动和体力劳动的对立也随之消失之后；在劳动已经不仅仅是谋生的手段，而且本身成了生活的第一需要之后；在随着个人的全面发展，他们的生产力也增长起来，而集体财富的一切源泉都充分涌流之后，——只有在那个时候，才能完全超出资产阶级权利的狭隘眼界，社会才能在自己的旗帜上写上：各尽所能，按需分配！”②

但公平的概念，并不仅仅止于“公平”而已，正如罗尔斯所言：“作为公平的正义。”③ 事实上，罗尔斯所说的“作为公平的正义”并不是指正义就是公平，而是强调正义原则的内容是由一个公平的程序所决定，而所谓的公平程序，则是这个程序并没有对任何一个人特别有利或特别不利。因此，正义与公平并非完全相同的词语，但却也可以看出正义与公平的概念的确有其重叠之处。根据韦氏英文大辞典的解释，公平有两种含义：一是平等（equality），指一种均一相等的状态；二是公正或正义（justice），即根据自然法或自然权，对每个人都给予适当的安排，并且在尊严、等级或权利上呈现相等的状态，即具有平等立足点之事实。因此，就英文辞典上的意义来说，公平含有公正、平等、正义的含义。“公平”在希腊文里是“dikaion”，其相关词是“dikha”，含义是将物体切割成均等的两半，而“正义”在希腊文里是同源词“dikaiosune”。此外，希腊文“dikastes”一词的含义是“法官”，表示法官是一个能做公平判决与分配的人。因此，公平具有三个特征：一是差异性，即“平等的对待平等的，不平等的对待不平等的”。二是合理性，差异必须在合理的范围内。三是主观性，没有统一的客观尺度来衡量和评价某种差异的合理性，更多的是一种“公平感”。

公平虽然含有平等的含义，但是公平并不等于平等，它们不是一个概念，二者不能混同。公平的核心内容是应得，本质是利益分配问题，

---

① 马克思恩格斯全集：第1卷［M］. 北京：人民出版社，1956：582.

② 马克思恩格斯选集：第三卷［M］. 北京：人民出版社，2012：364-365.

③ Rawls J. A theory of justice［M］. Cambridge，Mass.：Harvard University Press，1971：5.

是对人与人之间社会关系的现实状态做出的应当、合理的规范要求和价值评判。当代社会学家特纳（Bryan Turner）则认为，平等（equality）包含了下列四种类别①：一是本体论的平等（ontological equality），即个人基本的平等。二是机会的平等（equality for opportunity），指在面对有利的时间情景中，每个人都有能力利用这种有利条件，并且在抓住这种条件的时候不存在先后和不受其他任何人为因素的影响。此种平等就是通常民主社会所强调的功绩主义（meritocracy）。三是情境或条件的平等（equality of condition），是指不同社会团体为求生活条件或情境的均等分享而追求的均等。四是结果的平等（equality of outcome），是指处于不利地位者应与其他社会团体取得相等的结果。因此，平等主要是指人们相互间在社会地位、权利以及利益分配等与利益获得有关的方面的相同状态。因此，平等的一般含义为有差别就是不平等，无差别就是平等。对比公平与平等，公平概念包括的核心要素是分配、比例、合理、差异等；平等概念包括的核心要素则是一致、无差别、合法等。公平是一种质的特性，而平等是一种量的特性。平等强调"无差别"，公平强调"无偏见"。如果说平等强调的是"同"，那么公平强调的则是"异"，是以承认差异为前提的。因此公平较平等具有更深的内涵。公平是满足所有人的价值目标、目的的利益分配关系，但并不意味着各种价值的平等分配。平等的不一定是公平的，不平等的不一定是不公平的。

依据《剑桥哲学辞典》的说法②，正义是每个人取得他所应得的部分。形式正义（formal justice）是公平与一致的应用原则，无论原则本身是否合乎正义；实质正义（substantive justice）则与权利紧密结合，亦即个人可以正当地要求他人或政府去做什么（例如要求自由的保障或公平的促进）。从以上的论述来看，虽然绝对的公平实践，尚无法完全地体现与落实，但是追求每一个人之间，其机会与条件、情境的公平，甚至是结果的公平，却历来一直是人类认为展现公平价值的重要过程与方式。

---

① Turner B. Equality [M]. New York: Ellis Horwood, 1986: 112-113.

② 罗伯特·奥迪．剑桥哲学辞典［M］．林正弘，等译．台北：果实出版社，2002：621.

《礼记·中庸》曰：“义者宜也。”义，事之宜。正义，指思想行为符合一定的标准。《荀子·正名》载：“正利而为谓之事，正义而为谓之行。”这里的正义，指公正的道理，符合政治和道德准则行为。富有正义感，追求正义、伸张正义是有道德的表现，古希腊的柏拉图曾把正义列为四大美德之一。对于正义的概念，亚里士多德则认为，正义的原理就是平等，使人各尽其所应得，不论在职务及荣誉的分配上都应如此，也可说是伦理的正义①。此外，还有交换正义（commutative justice）与分配正义（distributive justice），因为人们的报酬会影响获得资源的多寡。然而差异是有其重要性的，因为可能会有付给甲比乙更多报酬是合理的情况（因为甲比乙更具有生产力）。当代哲学对于正义的讨论，无非是根据“最大效益的原则”“公平地分配，应依据每一个人的利益与需要”或取决于“自由市场的机制”等这些相关的论点来讨论正义的概念。而在传统上，正义的问题可区分为“程序正义”与“实质正义”：前者是指法律审判上应采取公正的处理原则，故也称“法的正义”（legal justice）；后者是指关于社会中的利益或分配，通过各种社会制度来达成，又称之为“分配正义”。综合上述看法，正义的内涵包含了“程序正义”与“实质正义”，而其公平精神的体现，则是要以差异和不均等的方式来对不同境况的人做分配，促使一个正义社会的目标得以实现。

综合各家之观点，本书认为公平的含义有二，一为平等，指一种均一相等的状态；二为正义，指一种公正的道理，符合社会政治和道德准则，且每个人取得他所应得的部分，而取得的过程，则需要考量个人的需求，进行差异性的交换与分配，如此才能构成正义。

二、教育公平

如同公平概念一样，教育公平也是一个复杂的，涉及社会学、经济学、哲学、法学、伦理学，至今尚无统一的概念。研究视角和领域的不同，对教育公平的概念界定就不同。

教育公平的观念源远流长，孔子在两千多年前就已提出“有教无类”

① Aristotle. The nicomachean ethics [M]. Ross D, Trans. New York: Oxford University Press, 1984: 117.

的朴素思想，古希腊雅典的公民教育也隐含了民主教育的思想。西方思想界，柏拉图被认为是最早提出实施初等义务教育的人，亚里士多德则首先提出通过法律保证自由民主的教育权利。文艺复兴后，新兴的市民阶级要求把平等思想融入教育方面，寻求教育公平的途径。18世纪末，教育平等的思想开始在一些西方国家转为最初的立法措施，在法律上确定了人人都有受教育的平等权利。马克思在1866年提出教育是“人类发展的正常条件”和每一个公民的“真正利益”① 的教育平等性含义。到20世纪初，在美国兴起了教育机会均等运动，目的在于通过教育改变因阶层不同、种族不同所造成的社会不公平问题。在20世纪60年代以来的世界性的教育改革浪潮中，教育平等成为“全世界所有国家和所有与教育问题有关的人最关心的问题”。1960年12月联合国教科文组织大会详尽地阐释了“教育均等”的概念，明确提出这一概念由消除歧视和不平等两部分组成：“歧视”是指“基于种族、肤色、性别、语言、宗教、政治或其他观点、民族或社会出身、经济条件或家庭背景之上的任何差别，排斥、限制或给予某些人以优先权，其目的在于取消或减弱教育中的均等对待”。它表现在：（1）剥夺某个体或某团体进入各级各类教育的机会；（2）把某个体或某团体限于接受低标准的教育；（3）为了某些人或团体的利益，坚持分流教育制度；（4）使某些人或团体处于与人的尊严不相容的处境②。

我国对教育公平问题的理论关注受国外理论的影响很大，主要是借鉴国外的观点和方法来研究现实问题。近年来，国内理论界也从不同侧面和角度展开了对教育公平的研究。

第一，教育社会学角度。认为在社会学中公平主要表现为机会均等。

第二，教育哲学的角度。认为从范畴上看，教育公平是一个反映相对性的范畴，而不是反映绝对性或确定性的范畴，是反映教育质的范畴，而不是反映教育量的范畴。

---

① 马克思恩格斯全集：第16卷［M］．北京：人民出版社，1964：217.

② 冯建军．教育公正：政治哲学的视角［M］．福州：福建教育出版社，2008：53.

第三，从教育经济学角度。认为“教育公平”是与教育资源分配和享用联系在一起的，或具体表示为个人获得教育资源的多少与其对社会的贡献或报酬相称；另外也有将教育公平界定为资源分布公平与机会分布公平。

第四，教育法学角度。认为教育公平体现在两个方面，即人类受教育的基本权利的平等和受教育的非基本权利的平等。

第五，教育伦理学角度。认为教育公平是要求教师在教育职业活动中，公平合理地对待和评价全体合作者，或在教育活动中对待每个教育对象的公平和对教育对象评价的公平。

第六，教育政策学角度。认为国家教育政策的基本出发点就是要实现全体社会成员的教育利益。

第七，文化学角度。从社会文化的三个层面——物质层面、制度层面以及心理意识层面来对教育公平问题进行重新解读，通过对教育公平的外部及内部层面的理解，将其进行二元划分。

通过以上的观点分析，完全可以得出以下结论：教育公平具有多重的含义。第一，从教育实践主体的角度来看，教育公平可分为学生公平与教师公平。所谓学生公平是指对待和评价学生公平与否的问题，而所谓教师公平则是指对待和评价教师公平与否的问题。第二，从教育活动过程的角度来看，教育公平可分为教育起点公平、教育过程公平和教育结果公平。教育起点公平是指每个人不受性别、种族、出身、经济地位、居住环境等条件的影响，均有开始其学习生涯的机会。教育过程公平是指教育在主、客观两个方面以平等为基础的方式对待每一个人。教育结果公平即教育质量平等。第三，从教育公平的结果是否根据一定的公平原则进行操作而产生的这一角度来看，教育公平可分为原则层面的教育公平、操作层面的教育公平和结果层面的教育公平。教育公平原则是教育结果公平的前提条件，操作层面的公平需要把操作的步骤合理化并且固定下来，形成公平的程序，同时还需要各种形式的监督机制、监督机构及配套的技术手段，只有这样，才能保障教育结果的公平。第四，从是否把教育实践的主体（教育者和受教育者）看作存在差异的角度来看，教育公平可以分为同质的教育公平和差异的教育公平。同质的教育公平是指忽略人与人之间的差异，用同一的教育公平原则与标准指导教育的实践活动；而差异的教育公平是指每一个受教育者都是各不相同的。第五，从实存与观念的角度来看，以上我们所谈的都是实存公平，除此之外，教育公平还有一种观念层次的公平，它是对实存公平的一种主观反映，是对实存公平的一种价值判断，主要表现为一种教育公平感，即对公平问题进行评价时所产生的心理感受①。

谈到公平，人们经常会把公平与效率当作对应的范畴来讨论。其实从范畴意义上看，教育公平是一个反映相对性的范畴，而不是反映绝对性或确定性的范畴，是反映教育“质”的范畴，而不是反映教育“量”的范畴。教育公平与非教育公平是一对范畴，教育公平与教育效率只是一对相关范畴而非对应的矛盾范畴。教育效率的高低，并不取决于教育是否公平，而取决于教育活动的质量，就像城乡教育不公平，但是不能否认乡村教育就没有效率。把教育公平与教育效率作为一对范畴来加以研究，是不符合范畴逻辑的，“把效率这一原来属于人们经济活动范围的内容拔出它自身存在的土壤，被作为一个普遍的社会问题而提出，甚至在社会生活领域内获得了与公平正义一比高下的资格。这是由人们认识的混淆、失误所造成的”②。在实践教育公平时，最广为人们所认同与知悉的方式是“教育机会均等”，因为只有在教育机会均等的前提下，学生的教育成就才取决于他们自己的选择与能力，而不是取决于学生的境况。也就是说，不论教育的结果是成功或者失败，都只是取决于个体自己的因素，而非家庭背景、经济地位、性别或者种族等因素。从这一点上，我们可以从教育机会均等的含义来进行探究。本书认为，教育机会均等的含义有两点：一是每个个体应享受相同年限的基本义务教育，这种教育是共同性、强迫性的，不因个人家庭背景、性别或地区之差异而有不同；二是每个个体应享有符合其能力发展的教育，这种教育虽非强迫性，但含有适性发展的意义，亦可称为分流教育或人才教育。因

① 李润洲．教育公平刍议［J］．江西教育科研，2002（4）：11-14．

② 高兆明．从价值论看效率与公平：再论效率与公平［J］．哲学研究，1996（10）：33-38．

此，教育机会均等的达成，除了积极地协助有困难的学生，提供弥补其缺陷、弱势的机会之外，消极地排除其先天与后天的各种社会地位与经济背景之差异，使每个学生都能够受到相同的教育待遇，才是真正的教育公平。然而，我们所面临的问题在于公平的理念过于抽象，纵使我们对公平的理念持有共同的信仰，但却无法从“公平”一词中，推演出任何具体的教育公平措施，且教育公平措施具有多种多样的表现形式，各表现形式并不见得能够完全兼容。

关于教育公平的概念，我们何以有如此分歧困境？以罗尔斯的看法论之，他认为每个人都有正义感（sense of justice），但当正义感呈现在制度层面该如何设计的问题时，却会因人而异。对此，罗尔斯提出了两个名词加以区分：正义概念（concept of justice）和正义观念（conception of justice）①。前者是指每个人的正义感，是由许多不同的正义观念共同集合而成，亦即正义观念就是正义概念的具体表现形式，在一个正义概念中有很多种正义观念。将罗尔斯的观点引申至教育场域，就有类似于上述情况出现。虽然大众对教育公平的价值皆有高度的肯定，但每个人要将心里的教育公平理念真正落实在教育场域时，却会因人而异，因为每个人各自有一套不同的教育公平落实方案。例如，在教育行政的运作上，任何人都赞成每个学生应该被公平对待，但是在公平的观念之下，有的老师认为规定同样的服饰、教材、设备或师资就行了；有的老师却将公平定义为起点公平，反对“相等即是公平”的观念，要求因材施教，给予学生真正需要的教材。所以，即使一所学校的老师都信奉公平的价值，最后仍会产生很大的分歧，甚至是使用“差异对待差异”的原则，也难以达成真正的教育公平。欧登（Odden A R）认为，若要对某些学生的某些特性进行取长补短的补救，其特性便包含了学生特性、学校特性及计划特性。但问题在于，特性的界定标准由谁来建立?② 在此，“教育机会均等”与“教育公平”的理念一样，陷入了判断“何谓均等

① Rawls J. A theory of justice [M]. Cambridge, Mass.: Harvard University Press, 1971: 3-4.

② Odden A R. Rethinking school finance: an agenda for the 1990s [M]. San Francisco: Jossey-Bass, 1992: 61.

与公平”的困境之中。其关键是，尽管公平理念为大家所认同，但是在没有共识或共同的原则下，各自采取的公平措施将因人而异，以致无法处理教育公平如何有效地落实的问题。例如在教育现场中，我们无法准确测得学生的实际需要，我们所能做的教育公平，常常只能做到一些最基础的公平措施，来弥补学生先天性的自然残缺（如特殊教育的实施），但对学生现实境况的弥补，却常常无能为力。更何况，我们还不敢保证我们在补救学生先天性自然残缺这方面的特殊教育，已经做到尽善尽美。因此，哪一种形式的教育公平最能够掌握教育公平的精义？因为教育公平并非只是一个简单的逻辑问题，也可能是一个道德问题。想要解决此问题，除了要了解教育现况之外，还必须深刻地理解人性，才能懂得学生及社会对教育公平的期待为何，进而给予学生最有益的措施，以真正达成教育公平。唯有学生在教育上的成就与表现，是在公平的条件之下发展出来的，我们才能理直气壮地要求学生，为自己的选择所表现出来的教育成就负责。

此外，还要注意教育公平与教育公正这两个概念。因为概念非常相近，以致有不少论者交替使用。其实，这两个概念有一些细微的差别。简单地说，教育公正是理念化、理想化的教育公平，而教育公平则是现实化、具体化了的教育公正。其一，教育公平是在现实教育生活中对于某些失当的“教育公正”的纠偏。教育制度与规则是针对社会的大多数人和事的，因此，对于某些具体的人或事，这些教育制度与规则有时会出现失当或例外的情况。这就需要因人（或事）而异，以弥补普遍原则的空白区间或“真空状态”。其二，教育公平是基于教育公正的本性对于某些人的变通处理。由于育人的高度复杂性，对于具体的教育对象就有必要基于教育公正的本性予以因材施教，使得具体的教育方式就总体而言具有一种公正的性质。教育公平与教育平等这两个概念也非常相近，这不仅表现在平等是公平的一项重要依据，而且还表现为这两个概念的内容存在交叉，亦即在某些具体内容方面是一致的。教育公平总是用教育平等或教育不平等或某种意义上的教育平等来做标识的。例如，奴隶社会的教育公平是以不平等做标识的，资本主义社会的教育公平是以教育机会平等做标识的，社会主义教育公平是以兼顾教育机会平等与结果平等做标识的。因为教育公平问题反映的是人与人利益关系的合理或不合理问题，而人类在追求教育公平关系的过程中，总是用某种意义上的教育平等作尺度来衡量。但仔细推敲，教育公平与教育平等仍然有一些差异，其一，教育公平概念往往倾向于认可教育现实，而教育平等概念则往往容易导致抵触教育现实的倾向。例如，在奴隶社会，教育公平与教育平等的标准是正相反的，因为那时是以不平等为公平的。如果社会处于稳定祥和的状态，教育公平往往是认同这一常态现实社会的教育制度、教育规章、教育秩序的。因此，在常态社会的教育生活中，或许存在着等级制、双轨制等不平等的现实，诸如我国教育政策中的“城市取向”等，但对这样一种现实，公平是调适的，平等则不然。虽然平等是人类社会的永恒追求，但平等是相对的，不平等才是绝对的，如果任其发展，而没有别的因素加以约束，很容易滑向绝对平等的歧途。而在这种“绝对化”了的平等面前，含有等级制、双轨制成分的教育制度很难被承认，进而造成教育平等与教育公平间的冲突和矛盾。其二，教育平等从属于教育公平。正如过度的自由导致秩序失效、社会混乱一样，过度的教育平等同样会阻碍教育的发展，削弱教育发展的生机与活力，降低教育的质量。因此，教育平等需要某种限制，而这种限制只能来自教育公平①。

总之，教育公平这一概念的涵盖面很广，但归纳起来无外乎四大方面，即事实公平、做法公平、制度公平和道德公平。教育公平既涉及社会的基本制度、教育制度，也涉及社会成员的基本行为取向。所以，不能将之仅仅限于教育学的范畴，同理也不能将之仅仅限于经济学意义上的收入分配领域。综上所述，本书认为，教育公平是教育的一种基本价值观念与准则。教育公平与一定的社会基本制度，尤其是教育制度相联，并以此为基准，规定着社会成员具体的教育基本权利和义务，规定着教育资源与利益在社会群体之间、在社会成员之间的适当安排和合理分配。

---

① 田正平，李江源. 教育公平新论［J］. 清华大学教育研究，2002（1）：39-48.

三、高等教育公平

目前对于高等教育公平的概念，学术界众说纷纭，莫衷一是，如果从社会科学的一般意义上，对高等教育公平的本质进行把握，我们认为应该注意以下几个方面：

第一，高等教育公平蕴涵着对人的终极关怀。人们提出或思考教育公平，从对人的意义关怀上讲，其目的就在于“为了一切人的发展和人的全面发展”，这既是社会发展的最终目标，也是教育公平所隐含的本质之一。对人的终极关怀也即对自己、对他人、对人类的终极关怀，从而把促进一切人的发展和人的全面发展作为高等教育公平的奋斗目标。正如马克思所认为的，教育的根本目标在于实现人的自由而全面的发展。从这个意义上说，作为现代高等教育的基本理念，高等教育公平具有明显的价值指向，主要是应更多地关注社会弱困群体的受教育状况，保障他们的受教育权利。

第二，高等教育公平反映着利益的分配关系。高等教育公平的实现受到多种因素的影响，但不公平现象的产生，很大程度上与高等教育资源配置过程中的不公平有关。从高等教育的准公共产品特性角度看，高等教育的入学机会，是人人都应该享受的基本权利。因此，高等教育资源配置直接影响着教育机会的分配。但在公共教育资源有限的情况下，需要建立一定的规则，在不同层次、不同类型以及同一层次不同类型的教育机构之间进行公平合理的分配，因此，高等教育公平反映了高等教育利益在人们之间的分配关系。在处理高等教育利益分配的关系问题上，应注意以下几个方面：一是公民进入教育体系的机会应该是均等的，也就是说，同样的先天条件就有同样的受教育的权利。二是不同社会阶层有获得同样质量的教育机会。三是不同人不同社会阶层应该享有的教育质量的均等。四是受教育者因为教育对生活前景和社会发展的社会影响是均等的。

第三，高等教育公平是规范概念和实证概念的统一。规范概念是指现实中不存在的对象及其性质、状态等的符号标记，是一种对理想、价值与应然的指称；实证概念是指客观存在的对象及其状态、性质等的符号标记，是一种对现实、事实、实然的指称。高等教育公平一方面包含着对现实高等教育利益关系、分配模式的价值评价；另一方面也包含着对教育的现实、事实、实然的超越，即包含着对高等教育公平的理想与应然的价值指向。

通过上面的论述，可以对高等教育公平的“质”的规定性在教育公平概念的基本内涵上进一步表述为：高等教育公平是现实与理念的统一，它既是指人际之间高等教育利益关系的反映、度量和评价，又包含着对高等教育公平的理想与应然的价值指向，高等教育公平的当下目的是解决现实中的高等教育不公的问题，而其终极目的是一切人的发展和个体的全面发展。在社会生活现实中，高等教育公平是高等教育效率的基础，高等教育机会公平是关键，高等教育制度公平是机会公平的保证，机会公平才会有公平竞争，有了公平竞争才能提高效率，社会认同贯穿于这个过程的始终。“规范概念的高等教育公平”不仅是对现实高等教育公平问题的反映，也是运用已有的高等教育公平标准对现实高等教育公平问题的度量，同时还是对现实高等教育公平问题的一种评价和规范。人们从理性价值观的角度是认同“合理的不公平”的，当“合理的不公平”存在时，人们恰恰认为是可以接受的。“合理的不公平”是个体的感知区间或认同区间，个体在价值观念上的公平是一个区间，并非一个点，是一个社会性、历史性、文化性极强的动态区间。高等教育公平从理性具象化看则体现的是大多数人的意愿区间，从操作层面看则是制度的公平、做法的公平，从结果上看则为事实的公平和道德的公正认同。

四、高等教育过程公平

在历史的演进中，高等教育过程公平在理论上出现了不同的观点和流派，在不同的历史时期对高等教育过程公平内涵的侧重点也有所不同，并对它的含义做出了纷呈各异的解释与阐述。

（一）已有的高等教育过程公平的含义

高等教育过程公平是教育过程公平在高等教育领域的延伸和扩展，同时也是属于高等教育公平的一个子系统，在理念上也应与高等教育公平保持一致。学者们在不同时代背景，从不同的角度对高等教育公平的内涵形成了许多有益的理解与认识。

学者杨东平指出，“过程平等或参与平等，是指个人或群体在教育的不同部门和领域内经历和参与的性质和质量，例如个人参与教育的选择性，各级各类教育之间的开放性、可流通性，以保障个人能够接受自己所需要的教育”①。王烽认为教育过程公平“是在教育过程中，受教育者均能得到充分、全面、和谐的发展。虽然必定存在发展的差异，但是不应存在由学生家庭背景、性别、民族和学校条件、教师态度等外部原因引起的个体差异”②。彭玉琨等认为教育过程的公平“即考虑以平等为基础的各种不同的方式来对待每一个人，不论其人种和社会出身情况。它表现在主观和客观因素等方面。客观因素是指资源投入，包括师资力量，学校外部的各种因素，学校内部的各种物质设施等；主观因素是指教师在教学过程中是否给家庭背景、智力水平、教养程度不同的学生以平等对待”③。张晓莉等认为，“教育机会平等即教育过程的平等。教育是一个动态过程，关系教育资源、教育环境等诸多因素，实现教育机会平等是教育平等进程中最为重要与艰巨的工作。它不仅涉及教育系统与其他社会系统的相互作用，同时涉及教育系统内部对教育资源的分配、重组等活动，是平等的尺度较难划分与衡量的一个部分”④。朱迎春等认为，“教育过程公平是指教育制度平等地对待每一个社会成员，让每个社会成员有机会享受同样的教育”⑤。苟人民认为，“教育过程中的平等，是指在教育过程中以各种不同的方式平等对待每一个人，它要求学校和教师给每一个人提供同等受教育的机会”⑥。李娜认为，高等教育“过程

① 杨东平. 中国教育公平的理想与现实［M］. 北京：北京大学出版社，2006：7.

② 王烽. 教育：呼唤公平［J］. 时事报告，2004（10）：34-39.

③ 彭玉琨，张捷，贾大光. 教育平等理论内涵分析与促进教育平等进程策略研究［J］. 东北师大学报（哲学社会科学版），1998（6）：82-87.

④ 张晓莉，靳瑞勇，张思亮. 教育平等进程中远程教育与社会的良性互动［J］. 现代远程教育研究，2005（5）：44-46；72.

⑤ 朱迎春，周志刚. 从教育公平原则看中国城乡教育差距［J］. 教育理论与实践，2006（7）：25-27.

⑥ 苟人民. 高等教育领域的平等权问题研究［D］. 长春：吉林大学，2006：85.

公平是指在学生接受高等教育的过程中，通过相应的政策制度继续维护权力和机会的公平”①。朱迎春等提出，“高等教育过程公平的本质是教育权利平等在高等教育过程中的体现，是指在高等教育资源配置和教学过程中平等地对待每一个受教育者，让他们受同样的教育，即受教育者在受教育的年限、接受的学习内容、设备条件、教师素质及教育资源配置等方面都是平等的”②。何知认为，高等教育过程公平是“受教育者在接受高等教育过程中享有公平的权利和机会，在外部表现为享有同等教育质量的机会平等，在内部表现为受教育者个人的发展机会平等”③。隋献福提出，高等教育过程公平是“一定社会经济条件下，在高等教育资源的合理配置基础上，每个接受高等教育的人在接受高等教育的过程中，享有均等的机会和平等的权利，接受同等质量的教育，公平地分享学校的教育资源，以满足和平衡每个人不断发展的需要，从而实现受教育过程处于公正合理状态”④。

尽管学者们对高等教育过程公平的界定多种多样，但可从其中概括出一些比较一致的观点，即高等教育过程公平有两个方面的含义：一是在高等教育过程中，教育者应公平对待每个教育对象，为不同的教育对象提供符合其自身条件的教育机会和教育条件，使每个教育对象的潜能都得到最大程度的发挥；二是教育部门对教育活动的有形投入要公平，包括师资力量、教学设备、教育经费等⑤。也就是说高等教育过程公平主要体现在人和物两个方面。人的方面表现为受教育主体在受高等教育过程中受到平等对待，物的方面表现为各种教育资源分配的公平状况。

---

① 李娜．社会分层视野中的高等教育过程公平研究［D］．天津：南开大学，2009：7．

② 朱迎春，周志刚．从教育公平原则看中国城乡教育差距［J］．教育理论与实践，2006（7）：25-27．

③ 何知．社会分层中我国高等教育过程公平研究［D］．南昌：南昌大学，2008：13．

④ 隋献福．高等教育过程公平的问题与对策研究：以曲阜师范大学为例［D］．济南：山东师范大学，2007：12．

⑤ 朱小蔓．对策与建议：2006—2007年度教育热点、难点问题分析［M］．北京：教育科学出版社，2007：37-47．

（二）高等教育过程公平的界定

作为高等教育公平的基本内容和重要阶段，高等教育过程公平在理念上既应与高等教育公平保持一致，但又有本身特殊的质的规定性。本研究在借鉴相关研究的基础上，尝试对高等教育过程公平的涵义做出如下界定。

第一，从内容上讲，高等教育过程公平是教育权利平等和教育机会均等的有机统一。就二者的关系而言，权利平等是前提，是保证机会均等的基础。《中华人民共和国高等教育法》第九条规定："公民依法享有高等教育的权利。"公民在高等教育过程中的权利平等在法律上已得到确认，在学界也得到共识，实现高等教育权利离不开高等教育机会，机会平等才能实现权利平等。就目前现实状况而言，更为侧重的是指机会均等。有学者提出："高等教育公平应该是指受教育者接受高等教育权利的平等和机会的均等，但就其主要内容而言是指后者。教育机会均等是一个全面的概念，它是就整个高等教育活动的全过程而言的，既包括起点的机会均等、过程的机会均等，也包括结果的机会均等。"①

第二，从本质上讲，高等教育过程公平是和高等教育资源的享受联系在一起的。诚然，高等教育资源的多少、好坏直接影响着学生所接受高等教育的质量，并最终决定着学生的成长与发展，而它也一直是教育公平的目标之一。高等教育资源配置公平是指在教育资源和教育经费的投放、教学课程的设置、师生关系的互动、学生受关注的程度等方面，通过相应的制度、政策继续体现和维护高等教育公平，不考虑非客观因素的影响，使受教育者在接受高等教育的过程中受到平等的待遇。因此，我们在界定高等教育过程公平的涵义时必须把握高等教育公平的内涵，从内容到本质，都应该与之保持一致，只有这样才能正确地界定高等教育过程公平的涵义，才能为以后的研究与实践提供有效的指导。

第三，从性质上讲，高等教育过程公平是一种竞争性公平。1998 年 8 月，联合国教科文组织提出了高等教育公平的重要原则：高等教育应

① 杨德广，张兴．关于高等教育公平与效率的思考［J］．北京大学教育评论，2003（1）：63-69.

是根据个人成绩对一切人平等开放，使更多的人接受高等教育①。这条原则揭示出高等教育机会的性质是靠个人的能力和努力获得的，属于一种争取性的平等与公正，而不是以地位与金钱等因素，更不是受教育权利的平均分配，这就决定了高等教育过程公平只能是一种竞争性公平。高等教育与义务教育有很大的差别：从属性来看，义务教育是一种保底教育，高等教育是一种发展型教育；从公平的性质来看，义务教育公平是一种分配性公平，高等教育公平是一种竞争性公平；从分配的原则来看，义务教育公平分配的原则是“平等享有”，高等教育公平分配的原则是“能力和主观努力”；从国家在公平分配中的主要职责来看，义务教育公平分配中国家的主要职责是创造外部条件并从内在方面保证实现，高等教育公平分配中国家的主要职责是提供客观公正的尺度，确保公平竞争的机会。在目前社会发展水平和物质条件下，社会每个成员在高等教育过程中都有平等享受高等教育资源的权利，但这并不意味着都能平均享受，平均主义只会造成另外形式的不公平，我们在追求高等教育过程公平时，必须要看到，每个社会成员个体间是存在着天赋和主观努力等方面的差异的，这种差异性必然会导致成员个体在占有高等教育资源机会方面的不平等性。

由此，高等教育过程公平只能是一种竞争性的公平，而不会是绝对的无差别的平均的公平。

第四，从指向上讲，高等教育过程公平应保障处境不利者的受教育权利和机会。高等教育过程公平具有明显的价值指向，主要是改变处于不利地位的社会阶层的教育状况，保障处境不利者的受教育权利和机会。罗尔斯就把公平分为两类：一类是均等性的公平，另一类是非均等性的公平。其中非均等性的公平就是“不均等地对待不同者”，是以主体行为和能力上的差异为基础的公平。并且针对这种现实中的不平等，罗尔斯提出：“社会和经济的不平等（例如财富和权力的不平等）只要其结果能给每个人，尤其是那些最少受惠的社会成员带来补偿利益，它

① 赵中建．全球教育发展的研究热点：90年代来自联合国教科文组织的报告[M]．北京：教育科学出版社，1999：174．

们就是正义的。”① 在高等教育过程中，接受何种质量的教育与个人以后的社会生活状态、生活质量紧密相关。因此，人人都有获得优质教育的愿望。如前文所述，高等教育公平蕴涵着对人的终极关怀，“为了一切人的发展和人的全面发展”是教育公平所隐含的本质之一。在高等教育过程中关注弱困群体，保障他们的受教育权利包含着对高等教育过程公平的理想与应然的价值指向。

第五，从目的上讲，高等教育过程公平就是让受教育者都有机会获得相适应的高等教育。在整个高等教育过程中，教师对学生的公平不是同等对待每个学生，而是应该考虑以平等为基础的各种不同方式来对待每一个人，应正视个体的差异性，完成教育资源公平的目标——人人都受到相适应（相称）的高等教育。所谓“相适应”，就是满足受教育者当前发展水平，符合其认知特点和个性特征，力求实现每个教育对象的当下潜力得到最大限度的挖掘、个性得到最佳程度的发展。这种教育既不能拔苗助长，超越受教育者的智力发展水平，也不能“削高填低”，限制较高智力水平和较好知识基础的受教育者发展。因此，对于高校自身而言，首先，高等教育过程公平要求教学内容既要符合社会发展规律和学生身心发展的规律，又要适应受教育者个体差异发展的需要，体现因材施教的理念；其次，还要求高校和教师在教育管理活动过程中，给予不同的受教育者以公平的心理影响、和谐的文化氛围以及公平的竞争机会。

综上所述，我们认为，高等教育过程公平是教育权利平等和教育机会均等在高等教育过程中的体现，是指在高等教育资源合理配置的基础上以平等为基础的各种不同的方式来对待不同的受教育者，使之不至于因为自身的先天因素在受教育的过程中遭到不公平待遇或歧视，确保每个受教育者有平等地参与教育过程的机会，从而获得与自身相适应的高等教育。

① 约翰·罗尔斯．正义论［M］．何怀宏，何包钢，廖申白，译．北京：中国社会科学出版社，1988：12.

第二节　高等教育过程公平的考察维度

在对高等教育过程公平相关概念的内涵进行探讨之后，我们进入高等教育过程公平的考量维度这一主题，也即对高等教育过程公平的构成要素进行讨论。与中小学教育相比较，高等教育更具多元性，无论从高等教育自身的理念来说，还是从经济社会对大学毕业生的要求而言，高等教育都不仅仅包括专业知识的传授，还包括各项技能的培训，多种实践能力的培养，各种素质的提高等多方面的内容。因此，对高等教育过程的考察，也应当是多方面、多角度的。

为了在考察维度上得出比较全面而谨慎的结论，我们对高校不同群体进行了深度访谈，以获得访谈对象在求学期间的各种经历以及对高等教育过程公平的感受，在此基础之上进行了总结和归纳，最终决定主要从知识学习、科学研究、社会实践、评优评奖、弱困扶助、人际交往六个方面对高等教育过程公平进行考量，具体框架如下图所示：

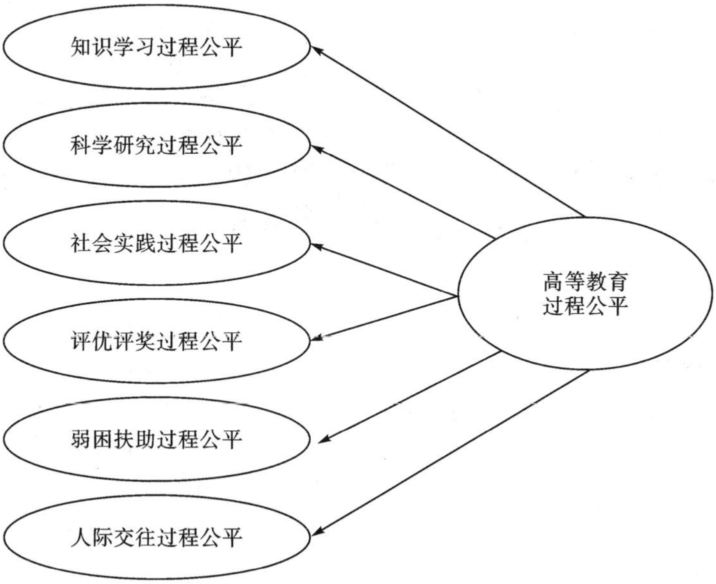

图 2-1　高等教育过程公平考察的概念模型

一、知识学习过程公平

知识学习是大学生在校期间最重要的活动之一，因此，知识学习活动公平是我们重点考察的内容。大学生在校期间，知识学习的内容也是多方面的，既包括专业知识，也包括各种实用技能；学生获得知识的途径也是多元化的，既可以通过课堂学习获取知识，也可以通过课外自学获取知识。对知识学习过程的公平，我们力求尽可能从多维度来考察，通过分析和综合访谈资料，我们确定从专业知识学习、实用技能学习、跨专业学习、课堂教学、获得教师学习指导、教师对学生学习成绩评定等方面来考察学生学习过程的公平状况。

通过考察，我们发现在高等教育过程中学生知识学习不公平的情况是现实存在的。比如，在专业知识学习方面，家庭文化资本就起着较强的制约作用。家庭文化资本较为优越的学生，在入学之前就可能阅读过一些与专业相关的书籍，获得了一些相关知识，在专业知识的学习上有着较高的起点；而家庭文化资本相对匮乏的学生在专业学习方面，明显起点较低，也就不得不付出更多的努力，以弥补自己和别人的差距。在跨专业学习方面，不同层次的高校与跨专业学习有很大的关系，在层次较高的综合性大学中，跨专业学习的情况是普遍存在的，然而层次相对较低的高校，有的由于没有实行学分制，申请学习其他专业的课程就很难。另外，在很多高校辅修和双修是按照相应的学分收取额外学费的，这就使得许多学生在跨专业学习问题上不得不考虑家庭的经济条件。在访谈中，有的学生谈到放弃攻读双学位的想法，正是出于这样的顾虑。无独有偶，在英语和计算机等实用技能的学习方面也存在同样的情况。通过调查，我们了解到，除了个体的主观原因之外，学校层次、家庭经济状况不同的学生在实用技能的学习上存在着一定的差别。在教育教学过程中，教师对待学生的态度应该是一致的，但在实际中，教师对待不同学生的态度、情感是有较大差异的，这很可能造成课堂教学、学习指导、成绩评定等方面的公平问题。

由此可见，对知识学习这一学生在高校期间最重要的活动中的公平问题进行考察是十分必要的。

二、科学研究过程公平

高等教育带有很强的专业性，其所传授的科学文化知识不同于初等教育和中等教育的基础性和直观性，而是明显具有高度的概括性和抽象性，如果不结合有效的实践，就很难透彻地理解和掌握。这里的实践是指参与知识的发现过程，高校学生只有参与到知识的发现过程中，才能真正地掌握探索真理、创造知识的方法。科学研究一方面有利于学生提高学习的积极性，加深对已有知识的理解，拓展知识视野，最终构建起合理的知识结构；另一方面也有利于学生了解和感受探索真理的全过程，为在实践中掌握创造知识的方法奠定基础。因此，科学研究是教会学生探索真理、创造知识的有效途径之一，这也使得高校学生进行科研活动显得尤为必要。基于科研活动对高校学生的重要性，学生参与科研活动的机会是否公平应是高等教育过程公平考察的重要内容。

通过被访者对高校学生科研活动现状的描述，我们发现，高校层次在学生科研活动中起着相当重要的作用，比较而言，重点大学的学生科研活动已经逐步进入正轨，有的学校学生科研活动已经形成体系，而非重点大学特别是一些地方院校，学生科研活动开展的程度较低，远未进入正轨。这是不同高校学生的科研公平状况，那么在同一所高校里学生的科研训练能否做到公平呢？经调查发现，同一高校里学生科研活动依然存在不公平的现象，例如教师对不同的学生的指导力度不一，不同院系、不同学科的科研经费分配不公平，科研管理制度不科学等。为了探查高校学生科研过程公平状况，本研究设置了“参与教师课题的机会”是否公平以及“获得自主科研项目的机会”是否公平等题项来测量高等教育科研过程公平的情况。

三、社会实践过程公平

社会实践是大学生培养各种能力的主要途径之一，也是高等教育过程的一个重要方面。在整理调查资料的基础上，我们将访谈中涉及的社会实践归纳为做兼职工作、参加学校社团活动、实习等方面的内容分别进行讨论。

很多大学生有过做兼职工作的经历，兼职工作除了带来一定经济收入之外，还在提高学生自身的独立能力、适应社会能力、沟通能力和专业技能等方面起到了积极作用。对做兼职工作的公平情况的考察，我们主要从学生家庭阶层以及家庭经济状况等层面出发，试图发掘不同家庭背景与兼职工作是否公平之间的关系。

大学里众多的社团活动，是学生社会实践的重要内容之一。从访谈的情况看，有的学生在参加社团活动方面并不积极，有的即使参加，时间也并不长。是什么原因造成这样的情况？高校学生参加学校社团活动的过程中是否存在公平的问题？本研究力图探析学校层次、学生家庭阶层、学生家庭经济状况、个人性格等因素与学生参加社团活动个数以及公平感的关系。

实习是大学生能力和素质培养的主要途径之一，也是高等教育过程的一个重要方面。实习是在实际工作中运用所学专业知识，从而提高学生解决实际问题能力的一种实践方法。目前，用人单位越来越注重大学生的实习经历，因此大学生也开始主动寻找各种实习机会，丰富自己的履历，提高自己的能力，为日后就业做准备。然而，通过调查发现，学生参加社会实习的机会并不是公平的。有的学生拥有好几份实习经历，不仅参加了院系组织的实习，还自己联系了实习单位；而有的学生一次实习的经历也没有，学校没有组织统一的实习，自己也没有找到实习的机会。这种状况除了个人能力与性格的影响因素外，学校层次、家庭背景对学生参加社会实习的机会也有重要的影响，学生实习的状况和其所读的专业也有着密切的联系，这些因素事实上造成了实习机会的不公平。

总之，对社会实践过程公平的考察，可以发掘哪些因素会对学生获得实践机会产生影响，就学生的表达能力、组织能力、沟通能力等综合素质的培养而言，具有不可忽视的作用。

四、评优评奖过程公平

获得奖学金、评上各项先进、担任学生干部等方面是衡量学生大学期间所取得成就的一些非常重要指标，在对高等教育过程的考察中，评优评奖获得公平是一个很重要的内容。由于在校期间能够评优评奖的学生毕竟是少数，所以我们的研究重点不是统计有多少人获得了什么样的奖学金、评上了何种先进，而是探寻评优评奖背后的原因是什么，评优评奖过程公平与哪些因素有关。

在调查中我们发现，每个学校或院系在评优评奖方面常常有一套比较复杂的评分标准，那么，对这一套评定标准，不同的学生是否有不同的看法？来自社会较低阶层家庭的学生在这套标准面前是否存在着劣势？这些都是本研究所要关注的焦点。实际上，一个人能否担任学生干部，除了个人的自身素质之外，个人在某个场域中的关系网络至关重要，如与同学的关系，与辅导员的关系等，都可能是自己被任命或推选为干部的社会资本。有研究认为，农村的贫困大学生在中学阶段专注知识学习，忽视了综合能力素质的培养，这影响到他们在大学阶段的进一步发展；而来自城市的学生更多地担任了学生干部，在要求进步、拓展人际交往圈、自身能力锻炼方面获得了更多的机会①。在院系和学校的学生会换届选举中，竞争者不仅要具备良好的表达能力，而且需要有在学生会工作的经历，甚至取得一定的业绩。而这些竞争实力的储备，不仅需要大量的课余时间，而且常常需要花费交通费、电话费等一系列费用，甚至可能需要动用家庭的社会资本来处理学生会的一些事务。而来自较低社会阶层家庭的学生，在经济资本和社会资本方面的劣势就会起到一定的制约作用。

五、弱困扶助过程公平

弱困的问题在任何国家都存在，有学者指出，弱困具有如下三个特征：第一，它的成因既可能是客观的或自然的，也可能是主观的或人为的。前者如性别差异，先天或后天残疾等；后者如社会歧视。第二，它是一个相对于社会优势或正常群体的概念，并且由在享有受教育权方面具有“低下状态”这一共同类别特征的人所组成。而这种共同类别特征的形成，则由于社会优势群体所制定的标准使然。第三，他们被有意无意地以不公正的方式对待②。

---

① 李娜．社会分层视野中的高等教育过程公平研究［D］．天津：南开大学，2009：14．

② 尤琛．父辈社会分层对子代教育公平的影响［D］．苏州：苏州大学，2007：52．

随着高等教育大众化的推进，必然会产生那些由于各种原因而暂居于不利位置的弱困群体，如经济特困生、少数民族学生、生理残疾学生、“学业特困生”（指学生成绩极差的学生）、“心理特困生”（指有突出心理问题的学生）以及行为障碍生。对于这些有各种各样问题的大学生，国家、社会和学校应该给予更多的关注和理解。

目前，我国的高等教育资助机制，主要包括助学贷款、奖学金、勤工助学、学费减免、困难补助多种制度及其配套运作的原则与方式。它通过从经济上提供主要以货币形式的资助，为贫困学生所面临的困难提供以缓冲的保障。客观上讲，高等教育的资助机制在保证贫困学生有机会享受高等教育权益，顺利入学并完成学业等方面起到了应有的作用。但在调查中我们发现，高等教育弱困扶助机制在运行中还存在不公平的问题，如不同层次的高校在为“心理特困生”提供帮助的程度上就不一样，有很多被访者当被问及“有心理健康问题时，能否及时从学校或学院得到帮助”时，他们甚至不知道学校是否开设了心理咨询室。另有一部分同学反映，勤工俭学机会分配不太公平，有的同学对助学金的评定过程还颇有微词。这都说明，在高等教育过程中，弱困的扶助机制还不能彻底地保证高等教育过程中机会分配的公平性。

六、人际交往过程公平

人际交往是大学生活的一个重要内容，也是高等教育过程的重要组成部分。适当的人际交往不但有利于健康人格的塑造，还可以提升人际沟通能力，是大学生健康成长的重要途径之一。与此同时，大学生通过人际交往，可以扩大自身的交往网络，积累自己的社会资本，给在校期间的学习生活以及毕业后的事业发展都带来有益的帮助。因此，这项活动中的公平是我们考察的重点之一。在访谈过程中，调查对象所提及的人际交往内容主要有师生互动和同辈群体交往，我们分别进行了考察。

大学生的师生互动主要由两方面的内容组成：一是学习过程中，学生与授课老师之间的互动；二是在日常生活中，学生和主管学生工作的老师之间的交往。

调查的情况表明，学生与授课老师之间的互动明显与中小学的师生互动不同，授课老师和学生的接触主要在课堂上进行，由于一般听课的学生较多，课后老师与同学的交往也较少，老师不可能记住所有的学生，只有一些特点较突出的学生才能给老师留下比较深的印象。与主管学生工作的老师之间的交往多发生在学生干部以及出于特殊原因需要经常跟主管老师接触的学生身上。对师生互动公平考察的重点主要是不同性别、性格、阶层、文化氛围、经济状况的学生与教师之间的交往是否有明显的差异。

大学生同辈群体之间的交往主要发生在班级同学、宿舍同学、各种学生组织之间。在调查过程中，被访者多提及性格、经济状况、家庭阶层、家庭文化氛围等对同辈群体交往有较大影响。因此，大学生人际交往过程中的公平问题是客观存在的，所以在我们的研究中也将这些内容作为一个方面呈现出来。

第三节　相关基本理论论析

从社会哲学流派来看，不同时期确定的教育公平原则背后都有着特定的社会哲学作为认识前提，是社会哲学在教育领域的具体表现。不同的教育公平观反映了不同的哲学观，在现代教育公平理论中并没有一种单一的、占据统治地位的理论。有的学者强调实证研究，有的推崇人文取向；有的注重宏观问题，有的强调微观研究；有的关注平衡与稳定，有的主张冲突与变迁。这些不同的选择代表了不同的理论视角，也决定了对教育公平问题研究内容、研究方法以及解决方式的不同选择。

教育社会学关于教育不平等问题研究的主要理论有经济再生产理论、抵制理论、文化再生产理论、科林斯的身份文化理论、科尔曼的代际资本传递理论等。其中，抵制理论和科林斯的身份文化理论影响较小，且相对来说，是不够成熟的理论。抵制理论虽然看到了学生文化的能动性和相对自主性，但它在理论上夸大了学生的这种抵制作用，就现实情况来看，学生的亚文化并没有强大到足以改变学校盛行的思想、规范和准则的程度，而更多的是无奈地接受它们，这一点连抵制理论者自己也不得不承认，因为他们对抵制的结果不得而知[①]。科林斯的身份文化理论强调特殊身份集团对教育的控制，使教育机构成为不同阶层文化的一个选择标准，进而认为，学校的主要活动是传授特殊的身份文化，学校教育的发展动力在于不同身份团体间的冲突[②]。显然，科林斯的身份文化概念在核心意义上是与文化再生产理论重合的，究其原因，是因为作为新韦伯主义者的科林斯和文化再生产理论者如布尔迪厄等人都集成和法则了韦伯的“身份团体”的思想[③]，文化再生产理论通过对语言、符号暴力、文化资本、性情倾向（即惯习）和教育知识等的分析，更缜密、细致地诠释了文化和教育如何复制社会阶级的过程，而这是科林斯的身份文化理论无法比拟的。在教育不平等理论中，经济再生产理论、文化再生产理论以及科尔曼的代际资本传递理论是对教育社会学研究比较有影响的理论，且对本研究有直接的指导意义。

一、结构功能主义理论

结构功能主义既是一个现代西方社会学中重要的理论流派，又是一种被应用于人文科学和社会科学领域的研究方法，它的出现虽晚于进化论和传播论，但它却以无可比拟的影响力改变着人们的思维方式，影响着各门各类学科，教育学科也未能例外。在教育研究中，结构功能主义有着重要的影响和启示，经常被用作基础的理论支撑。

（一）结构功能主义理论的主要观点

结构功能主义是社会学和文化人类学领域特别重要的一种理论取向。功能主义起源于19世纪英国社会理论家斯宾塞学说，斯宾塞从生物学领域获取认识，他认为，生物体的各个系统发挥着不同的生存功能，尽管有些物种可能有结构差异很大的器官，但这些器官满足相同的生存需

① 戴维·布莱克莱吉，巴里·亨特．当代教育社会学流派：对教育的社会学解释［M］．王波，译．北京：春秋出版社，1989：197-199．

② 张人杰．国外教育社会学基本文选［M］．上海：华东师范大学出版社，1989：53-56．

③ 马克斯·韦伯．经济与社会：上卷［M］．林荣远，译．北京：商务印书馆，1997：339．

要。社会在一定意义上也有如有机的生物体，就像一个生物体，其组成社会的每一个“器官”——比如说教育——都在社会的生存和维持方面发挥着各自不可替代的作用。教育系统是社会结构中的重要一环，正如心脏和大脑是人生存的必需器官一样，教育系统也是社会存在的必需品，它对整个社会的运作和维持有着必要的功能。涂尔干是功能主义关键性的、最有影响的奠基人之一，他的观点主要集中于社会及其机构之间的相互依赖关系。涂尔干提出必须从“社会事实”（social facts）入手解释社会现象，这种社会事实不仅独立于个体而且对个体有强制性的作用。那么，独立于个体的社会事实如何获得解释呢？涂尔干认为，社会事实可以通过它们在社会中所满足的功能加以解释[①]。涂尔干发现教育在不同时代、不同地方呈现的形式也各不相同。他认为在解释教育的功能时，不能片面地、孤立地进行，更不能人为地将教育系统从社会中割裂开来，而应该将教育置于社会整个大系统中进行分析，教育和社会两者之间是相互依存和促进的。那么教育的主要功能是什么？涂尔干认为，教育的主要功能是发展社会所需的能力而非发展个人的能力和潜能。教育的一般功能是激发儿童具有一些他所隶属的社会团体认为所有成员都应该具有的肉体或心灵状态，使个体社会化和人性化。在这里，涂尔干强调为维持社会稳定而进行价值观传递，但没有考虑到这种稳定与工业社会改革所需求的价值观和技能之间可能存在冲突。涂尔干坚持认为教育必须由国家控制而不能被某些利益集团所掌握——尽管大多数政府在一定程度上都会受到各种利益集团的影响。因此，教育通过传递价值观使人社会化和个性化，但这种价值观是什么，或者是否能够传递给所有学生，尚存在疑问。功能主义从斯宾塞、涂尔干的有机社会论，发展到齐美尔的本源功能主义，直到以帕森斯（Parsons）、默顿（Merton）等为代表的现代功能主义，其持续时间之长，原因在于功能主义理论对社会现象有着很强的解释力，其他任何理论都不能与之媲美[②]。

---

① 迪尔凯姆．社会学方法的准则［M］．狄玉明，译．北京：商务印书馆，1995：116.

② 朱志勇．教育社会学的功能论和冲突论：兼论两种理论对我国教育现状的解释［J］．上海教育科研，1997（6）：6-9.

20世纪60年代中期，美国社会理论家帕森斯对早期社会学理论家的思想和研究进行综合，使功能主义有了显著发展。早期社会理论家没有系统回答如何使社会处于均衡状态的问题，帕森斯正是想要构建一种解决这一问题的理论，即结构功能主义理论。帕森斯从功能主义的角度完整地表述过他关于教育与平等的思想。在《作为社会系统的学校》（*The School as a Social System*）一书中，帕森斯认为，教育革命是发生在资本主义社会里的一场堪称与资产阶级革命和工业革命同等重要的社会变革，教育机会的均等性得到极大的扩展是这场教育革命的一个重要特点，然而由于客观地存在着个人能力、家庭对于教育的态度和期望以及个人努力程度等方面的不同，这必然会带来成就上的差异。在帕森斯的研究中赋予教育两种基本功能，即社会化和选择。在入学之初，学生受到的对待是基本公平的，随后他们被逐渐区分为高成就者和低成就者——区分的标准就是分数；从学校进入社会后，在每一个领域范围内，他们继续被区分——这时区分的标准常常是学术和社会成就。帕森斯认为，从本质上讲这种区分或者分化的过程是一种社会化的过程。由于一个人所获得的职业由教育资格决定，因此，帕森斯极力主张通过扩大教育机会均等来促进社会的公平。然而，由于受到个人能力、家庭导向、个人动机等因素的影响，即使教育机会均等也无法避免不同的学生在教育成就上的差别，这难免会导致一种新的社会不公平。教育的作用就是通过将这种不公平合法化，以消除社会分裂和冲突的潜在危机，实现某种程度上的平衡和协调。

由帕森斯建立起来的结构功能主义理论直到20世纪60年代都是社会学的主导性理论，这一阶段的大多数理论都是对功能主义的修修补补，无法摆脱其影响。60年代后期，随着社会变迁的加剧，功能主义理论已经不能提出有效的分析策略来解决当时的社会问题了，于是，人们开始对功能主义理论进行反思和批判。功能主义尽管受到冲突理论的冲击而有所衰落，但在当代教育领域中仍然拥有大量的信奉者①。

---

① 安晓敏．教育公平指标体系研究：基于义务教育校际差距的实证分析［D］．长春：东北师范大学，2008：17．

（二）结构功能理论对本研究的启示

（1）高等教育过程应重视资源的保障。如果系统获取资源的能力没有得到重视，要实现系统目标就会缺乏物质上的保障。基于高等教育资源的稀缺性特点，高等教育系统获取高等教育资源的能力更显重要，因此，我们在研究高等教育过程公平问题时，应重视高等教育资源配置的平衡，保障高等教育系统的正常运转，尤其要重点关注教育落后地区和高校中弱困群体的资源分配问题。国家应该在全面推进高等教育公平的同时加大对西部地区的扶持力度，加大对高等教育过程中弱困群体的扶助力度。

（2）整体地看待高等教育过程公平问题。功能理论认为，社会各子系统间及其内部各部分都是有机关联在一起的，高等教育是社会大系统的有机组成部分。与此类似，一所高校也是一个系统，是一个有机的整体。本研究致力于高等教育过程内公平问题的研究，应以整体的、系统的眼光扫描各种现象。一方面要发现高校与社会其他各个组成部分，比如家庭、教育机构、政府部门、企事业单位等之间的联系，发掘它们之间是以何种有益于系统的方式发挥着各自的功能，分析它们各自在促进高等教育过程公平中所起的作用；另一方面也要认识到高校本身就是一个相对独立的系统，研究高等教育过程公平势难离开维持高校这一系统运转的重要原件，这些原件具体是指高校的组成部分，诸如学生、教师、班级、院系、教务管理部门、后勤服务部门等，每一元件在高等教育过程公平中都发挥着其独特的功能。

二、文化再生产理论

文化是一个复杂而又多义的概念。从内涵来看，一般认为文化主要包含着人类社会的宗教信仰、科学知识、民情风俗、语言习惯、态度价值和行为方式等方面的内容。而文化资本就是借助不同的教育行动（传播式教育、家庭教育、制度化教育）传递的文化物品。“再生产”是从生物学上借用过来的一个概念，其意原指生物的生殖、繁殖或再生，后来经引申有重复、再制的含义，还有改变和新生的意思。最早把“文化资本”与“再生产”结合起来的学者当推布法国社会学家皮埃尔·布尔迪厄（Pierre Bourdieu），他不仅赋予了“文化资本”最经典的界定，而且首次提出了“文化再生产”的理论。“文化再生产”理论被布尔迪厄用来分析资本主义的文化制度如何在人们的观念里制造出维护现存社会制度的意识，从而使得现存的社会结构和权力关系被保持下来，即被再生产出来。

（一）文化再生产理论的主要观点

通过教育消除社会的不平等一直是人们所抱有的美好愿望，然而人们无奈地发现教育机会的扩充并没有如人们所期待的那样从根本上消除教育机会的不平等，更没有出现通过教育消除社会不平等的奇迹。为什么教育机会的扩充不能必然地带来教育机会的平等？为什么通过教育消除社会不平等的美好愿景会落空？为什么人们在阶层、性别、种族等方面的差异会继续影响他们平等的教育机会的获得？为什么教育的不平等会引起就业、收入、生活水平等方面的不平等，以致最终使社会形成一种难以想象的恶性循环？为了解释这一系列问题，人们开始批判地审视教育，并形成各种理论，再生产理论就是其中较有影响的一种。再生产理论将社会不平等如何被从上一代到下一代再生产的方式，以及教育在这一再生产过程中又起到何种程度的复制和加剧作用作为关注的对象。再生产理论种类很多，从它关注的内容看，可以分为：社会再生产和文化再生产。事实上，在教育社会学的分类中，大多数都把再生产理论归入冲突理论的范畴中。在这里，由于社会再生产理论在上文中已经有所论述，更是基于文化再生产理论对于认识教育公平的重要性，笔者把文化再生产理论单独列出来加以具体述评。

法国社会学家布尔迪厄是文化再生产理论最杰出的代表，在其与帕斯隆合著的《再生产：一种教育系统理论的要点》一书中，从知识文化和社会阶级结构之间的关系角度出发，分析了这种社会不平等得以长期维持和传递的根源。布尔迪厄通过对学校教育制度自身运转机制的深入分析，得出不平等产生的根源在于阶级社会中家庭文化背景的差异和学校教育中对待阶级文化的不平等。资本是布尔迪厄学说中的关键概念之一，他认为，资本有三种主要表现形态，即经济资本、文化资本以及社会资本，其中，文化资本（cultural capital）是指借助不同的教育形态得以传承的阶层文化。文化资本有三种形态：（1）身体化的形态，这种形态存在的形式是精神和身体的持久“性情”，体现在人们身心中根深蒂固的性情倾向中，如风度、仪表、言谈举止、爱好修养等；（2）客体化的形态，体现在文化物品中，如书籍、绘画、器具、艺术品等；（3）制度化的形态，体现在那些特定的制度安排上，如学术资格、学历等①。从布氏对文化资本的划分可以看出，他希望从文化的角度来揭示教育系统对社会结构的再制的影响。场域是布氏之说中另一个关键概念，同时也是一种分析教育问题的视角和方法。在布尔迪厄看来，各种附有一定资本（经济、社会、文化和符号资本）的社会位置所构成的社会空间便是一个场域，或者可以说是一种差异化了的社会中所特有的社会小宇宙。惯习的概念也在布尔迪厄的文化再生产理论中占据着重要的地位，在布尔迪厄看来，惯习是一种生成性结构，它深刻地存在于性情倾向系统中的、作为一种技艺存在的生成性（即使不说是创造性的）能力，是一套感知方式、思考、欣赏和行为方式系统。惯习的概念代表的是一套内化了的能力和结构化的需要，成为沟通主观主义和客观主义的桥梁，深刻揭示了再生产过程。布氏之说中另一个不能不提的核心概念是符号暴力，布尔迪厄认为符号暴力是一种“看不见的、沉默的暴力”，是“在一个社会行动者本身合谋的基础上，施加在他身上的暴力”，他认为符号暴力是文化再生产的逻辑基础，并以符号暴力来解释统治阶级文化资本是如何通过教育系统复制其专有的特权。

布尔迪厄从冲突论的视角对教育进行了分析，认为学校教育是一种符号暴力。学校不是中立的机构，它传递的文化反映着统治阶级的文化，无论从学校教育的方式还是从教育的内容来看，“都最全面地符合统治集团或阶级的客观利益”，是一种以专断权力进行的文化专断，从这个意义上说，所有的教育行动客观上都是一种符号暴力。布氏认为，学校正是通过符号暴力实现了文化的再生产并使社会再生产等级制合法化，学校教育除了文化再生产的功能以外，还具有一种使社会再生产等级制合法化的功能。

---

① 杨善华．当代西方社会学理论［M］．北京：北京大学出版社，1999：284．

布尔迪厄最初采用文化资本的概念是用来说明不同社会经济出身的学生在学业成就方面的差异性。他认为一个人拥有的文化资本越多，就会更快、更容易地积累新的文化资本，同样，那些早年从家庭中继承丰厚文化资本的人也更容易增长自己的文化资本[①]。

布尔迪厄从阶级关系层面，把教育不平等归根于统治阶级通过文化霸权对下层阶级子弟实行符号暴力的分析，比鲍尔斯和金蒂斯的思想更为深入具体。虽然布尔迪厄也承认文化资本不是教育成功的唯一原因，也有下层阶级的子女成为教育的受益者，但这是非常少的。大多数下层阶级的子女深受其父母的教育经历以及地位低下、经济资本和文化资本贫乏的影响。尽管后来的学者对布尔迪厄的学说进行了质疑和争论，但他的文化资本概念揭示了资本主义制度的不合理性构筑了不合理的教育制度，使人们开始从社会制度的根源上思考教育机会均等和教育民主化的进程。

(二) 文化再生产理论对本研究的启示

(1) 有助于揭示高等教育过程公平问题成因。文化再生产理论为我们提供了文化这一独特视角，以文化资本为理论分析工具对影响高等教育过程公平的不同文化样态进行深入剖析，进而科学揭示高等教育过程公平问题成因：处于传统文化、现代文化、后现代文化等历时态文化和城乡家庭文化、城乡学校文化、城乡社会文化及教育政策文化、多元文化等共时态不同文化样态的共同影响作用下，最终造成城乡教育，处于城乡教育的不同群体、阶层、个体文化资本占有量的差距，进而决定了其在社会序列中的角色、地位及其所占有的社会资本、政治资本等方面的差距，这种差距不断累积对其本人及其后代造成的代内或代际传递是导致高等教育公平问题深刻的文化根源。

(2) 为构建高等教育过程公平的推进策略提供了启示。文化资本理论不仅为分析城乡教育公平问题提供了很好的理论分析工具和分析框架，而且为构建高等教育过程公平策略提供了有益的启示和思考，提升

---

① 钱民辉. 教育社会学：现代性的思考和建构 [M]. 北京：北京大学出版社，2004：54.

文化关怀，关注文化影响，深化文化研究，加强文化建设，促进高等教育文化资源互动共享，推动高等教育均衡发展。

三、代际资本传递理论

代际资本传递理论在揭示高等教育过程不公平的具体表现，分析高等教育过程公平的问题的深层次影响因素方面有重要意义。社会学对教育与社会分层的研究有一种非常重要的理论取向，那就是“把教育当作一种主要的代际传承机制，持这种理论的学者指出，那些拥有较多的社会、经济、政治和文化资本的优势群体，总是能够使子代获得较好的教育成就，而将其自身的优势一代代传递下去”①。因此，在研究高等教育公平性方面，代际资本传递理论这一分析范畴有着重要的作用。

（一）科尔曼的代际资本传递理论

詹姆斯·科尔曼对教育社会学有卓越的贡献，比如前面已经谈到的“科尔曼报告”以及对教育机会均等理论的提升。但关于教育不平等问题的研究，人们一般把他和实证研究（最有名的就是“科尔曼报告”）联系在一起，而很少提及他的理论。事实上，作为理性选择理论主要代表者的科尔曼对教育不平等的理论同样有着浓厚的兴趣，并且很有建树。现在学术界经常提到科尔曼的社会资本概念就是由教育问题的研究而来。

在教育不平等的问题上，科尔曼尤其关注代际家庭背景因素对教育获得的影响。代际家庭背景影响教育成就的问题，自布劳、邓肯的研究起在社会学研究中一直引人关注。但科尔曼的研究不仅关注家庭背景与教育获得的不平等的联系，而且试图给予这种联系的实现方式或途径一种合理的社会学解释。由于这一问题也是笔者所关注的，这里对之作一个较详细的介绍。

科尔曼认为，尽管家庭环境在不平等的代际传递问题上，有着重要的理论地位，但是在传统的分层研究中，一般只用父母的受教育程

① 刘精明．国家、社会阶层与教育：教育获得的社会学研究［M］．北京：中国人民大学出版社，2005：7.

度和父母的职业作为家庭环境的间接替代，却几乎从来没有对家庭环境在教育中的作用和影响做全面的、直接的测量。但这种传统的、片面的、间接的社会经济指数的测量在揭示不平等的代际传递的规律上的作用极为有限，因此，很有必要建立一种全新的模式用以全面而清晰地测量家庭环境在不平等代际传递中的作用和影响。科尔曼在1988年发表的一篇文章中，对已有的行为获得范式理论和贝克尔等人的人力资本理论进行了综合并进一步的扩展，构建了一个包容经济资本、人力资本和社会资本在内的多维度的解释代际背景对教育获得的影响的理论框架。科尔曼的理论指出，社会经济背景的侧脸只是抓住了家庭资本的形式和传递的一种维度，其他维度如社会资本在传递过程中同样施加了独立的影响①。

科尔曼对家庭环境和资本概念的扩展引导了对代际不平等传递问题的更好理解，但他把社会资本局限在家庭和社区之中，而忽视了权力性或制度性的社会关系网络的影响。

（二）代际资本传递理论对本研究的启示

一方面，代际资本传递理论为研究高等教育过程公平提供了新的理论依据。科尔曼提供了对社会资本的更广泛的理解，他提出社会资本不仅是增加个人利益的手段，也是解决集体行动的重要资源，而且也正是在科尔曼那里，社会资本理论发展得相对完善。“教育逐渐成为代际之间地位传递的中介”“家庭的阶层等级制对教育机会和文凭的直接影响一直在增长”“代际间的流动过程，既是教育日益对其发挥支配作用的过程，也是先赋因素像教育一样竭力表现自己的过程”等为我们研究高等教育过程公平提供了新的理论依据。

另一方面，代际资本传递理论也为呈现、归因高等教育过程公平问题提供了有益启示。代际资本传递理论的分析框架为研究高等教育过程公平提供了新的视野。

上述国外教育社会学关于教育不平等的一些理论成果，若干人分别

① Coleman J S. The concept of equality of educational opportunity [J]. Harvard educational review, 1968, 38 (1): 7-22.

从不同的理论视角对教育不平等问题进行了研究，对本研究也具有相当大的启发作用，如科尔曼的代际资本传递理论对分析家庭环境如何影响教育成就提供了很好的参照，而布尔迪厄等人的文化再生产理论对分析学校教育过程中存在的不平等现象提供了一个很好的视角。

第三章　高等教育过程公平的实证分析

本章力图从社会学的角度，探究高等教育整体过程中的公平性问题，探讨高校学生的个人基本属性和家庭基本属性对其在高等教育过程所接受的教育公平性的影响，是对学生个体的属性与高等教育过程公平性之间关系的探究性研究。在本章，我们将解答下列问题：个体属性不同的学生，在接受高等教育的过程中，是否可以获得平等的发展机会？不同家庭背景的学生之间必然存在着经济资本、社会资本和文化资本等方面的先在差异，这些先在差异在他们接受高等教育的过程中是否依然存在着影响？如果存在影响，那么这些先在差异对高等教育过程的公平性发挥着何种程度的影响？这些影响又将通过哪些形式表现出来？

第一节　调查目的与意义

一、调查目的

任何实证调查都必须围绕调查目的而进行，调查目的是否恰当、明确，将直接关系到实证研究的成败。

本研究的调查目的就是定量地分析高等教育过程公平的现状和问题，具体而言，就是通过调查了解高等教育过程公平的影响因素有哪些，通过频数统计了解高等教育过程公平在六个维度上的公平程度，通过检验高校学生个人基本属性和家庭基本属性与高等教育过程公平之间的关系，了解我国高等教育过程不公平的表现。本次问卷调查的目的分列如下：

①了解我国当前高等教育过程公平的程度；

②了解高校学生个人基本属性与家庭基本属性等因素对高等教育过程公平产生的影响；

③找到目前对高等教育过程公平影响最重大的因素主要集中的哪几个方面；

④发现除高校学生两种基本属性以外的其他因素对高等教育过程公平的影响。

二、调查意义

对高校学生进行实证调查，是对我国高等教育过程公平进行测量、评价和比较的基础，它有助于了解当前我国高等教育过程公平的整体状况，进而为高校公平政策的调整、教育资源的配置提供决策依据。关于高等教育过程公平的评价维度，国内有学者进行过一些相关的探讨与研究，他们的研究成果可以在一定程度上揭示高等教育过程不平等的现状。但是，从总体情况来看，这些研究成果基本上是描述性的，而且明显缺乏一个高等教育过程公平的整体评价维度，不利于对高等教育过程公平的程度进行测量、评价与比较。因此，本研究试图以社会公平理论为基础，按照一定的逻辑层次，对高等教育过程公平的评价维度进行整理和开发，并在假说提出的基础上构建一个基于高校学生主观视角的高等教育过程公平的评价模型，以期能够为完善高等教育过程公平的测量研究与测量实践作出贡献。至于高等教育过程公平的影响因素，归纳起来可以分为四类：社会因素（如国家教育政策、社会风气等）、家庭因素（如家庭经济资本、文化资本、社会资本等）、学校因素（如学校的各种制度、教育资源的配置、学校内部的人际关系等）和学生自身因素（如学生的性别、性格、健康状况、心理因素等）。尽管学术界从理论上探讨了影响高等教育过程公平的诸因素，但大多缺乏实证性。本研究试图从个人基本属性和家庭基本属性入手，对影响高等教育过程公平的因素进行实证调查。

总之，本调查从学生的主观角度出发，运用社会学的研究方法，探讨高等教育过程公平的评价维度、个体差异以及影响效应。在理论层面上，开发高等教育过程公平的评价维度，分析高等教育过程公平的影响因素，以期能够深化人们对高等教育过程公平的认识，为该领域的研究提供一个新的思路与方向，最终完善高等教育公平的有关研究。在实践层面上，通过高校学生对当前高等教育过程公平程度的评价进行分析，可以使我们对高等教育过程公平的现状有一个整体的把握和认识，从而为解决高等教育过程公平问题提供理论支撑与实践的指导。由于本研究又侧重于寻找高等教育过程公平的影响因素，可以使我们对现实中的公平问题进行审视和反思，从而有针对性地寻找出实现高等教育过程公平的途径和策略。

第二节 调查内容与对象

一、调查内容

（一）调查内容的确定

问卷调查内容的确立主要来自对相关专家的咨询以及资料的收集整理，我们主要分四步来完成这一环节。

第一步，向高等教育领域内对公平问题较关注的专家咨询，请教对高等教育过程公平分析的大致框架和思路，初步确定调查问卷的内容。

第二步，进行前期小范围的调查访谈，让学生根据自身的实际情况，请他们尽可能多地谈谈对高等教育过程公平的看法以及感受，然后进行分类统计，根据学生提出的问题出现的频率进一步确立调查问卷的内容。比如学习过程存在参与机会不公平、评优过程不公平、与老师的交往机会不均等、学校对弱困学生的帮助不大等问题是学生较多提到的。

第三步，进行相关的文献资料整理，了解目前的研究主要是从哪些维度对高等教育过程公平进行分析的。

第四步，参考现有的研究者关于社会公平、教育公平以及高等教育公平的问卷，从中吸收对我们研究有益的部分。

通过以上四个步骤，最后我们确定了调查问卷的基本内容，也归纳出考察高等教育过程公平的六个维度：知识学习过程公平、科学研究过程公平、社会实践过程公平、评优评奖过程公平、弱困扶助过程公平、人际交往过程公平。其中，每个维度又根据当前的高等教育实际情况和我们研究的需要设计出数量不等的子维度。

（二）调查问卷的主要内容

经过进一步的谨慎思考，我们最终确定了本研究调查问卷的内容，主要包括三部分：

第一部分，被调查对象的基本信息。包括：年龄、性别、性格、年级、所在学校层次、家庭所在地、父母受教育程度、父母职业、家庭经济状况等，这部分是一般性调查。

第二部分，被调查对象在求学期间的基本情况。包括：是否是学生干部、是否获得过奖学金、是否学习了其他的实用技能、是否选修了其他专业的课程、参与教师课题的次数、做过兼职工作的份数、参加学校社团的个数、与班主任或辅导员交往的情况、教师最喜欢交往的学生的类型、与同学的人际关系、学校是否开设了心理健康教育课程、能否及时得到来自学校或学院的经济方面的援助等。

第三部分，被调查对象对高等教育过程公平现状的评价。这部分调查内容主要反映了高校学生对当前高等教育过程公平的感受，题项都与知识学习过程、科学研究过程、社会实践过程、评优评奖过程、弱困扶助过程、人际交往过程的公平状况相关。题项的形式均为选择题，采用五点计分法：5 代表非常公平，4 代表比较公平，3 代表一般，2 代表不太公平，1 代表很不公平。

二、调查对象

（一）调查对象的选取

调查对象的选取是一个极具科学性的问题，我们选取调查对象时既要考虑我们的研究条件，又要使调查对象样本有足够的代表性，而科学的抽样方法以及适当的样本数是抽样代表性的保证。从理论上讲，要对某一群体的真相有一个整体的把握，应该将群体中所有个体一一加以研究，但在一个母群非常大的情况下，这是很不现实的，因此，从群体里抽出一小部分加以研究，这样做既可以节省人力物力、缩短资料整理时间，还可以对所抽样本进行深入研究，因此，抽样法比普查法更切实可行。所谓抽样，是指从调查对象的总体中选取一部分对象进行研究，以认识调查对象整体的一套程序和方法。在许多研究中，抽样的代表性往往就成为研究的关键。一般而言，样本的取样有两种方法，随机取样和非随机取样。这两种方法在选择样本的原则、操作程序以及样本特点与作用等方面都有显著的差异。研究者可以根据自己的需要选取不同的方法。本研究根据实证研究中抽样调查的理论和方法以及研究者精力和条件的特点，采用了随机抽样的方法。

为使所抽样本确实能说明整个群体的实际现象，除了选取适当的抽样方法外，样本大小也将影响所得结果的准确性。就统计的准确度来讲，准确度与取样误差有直接关系，一般而言，样本愈大，准确度愈高。但是单单大样本并没有用，关键还要看取样方法和样本的代表性。决定样本容量大小应考虑以下因素：①研究的精度要求，也就是预定分析的程度。精度要求越高，所需要本就越大，反之亦然。②总体大小和内部异质性程度，也就是群体内个体的相似度。在一定精度要求下，总体越大，样本也应该越大，但并非绝对。当总体大到一定程度时，所需样本便无需增大；此外，总体异质性越高，所需样本越大。③抽样方法，在同样精度要求下，不同抽样法所需样本大小不同。④研究者的时间、人力及财力等情况。因此，应该用有限的财力、人力及时间去抽取最小的样本，而得到最准确可靠的资料。在参照前人的研究以及咨询一些统计方面的专家并结合自己的实际情况后，本研究将样本确定在 2 000 至 2 500 之间。

从理论上讲，高等教育过程公平研究是一个社会范畴的课题，调查对象的选取范围应该是全社会民众，这样获得的数据才具有普遍性和代表性，但由于研究者本人还在求学期间，存在经费和精力等主客观条件的限制，如果调查对象的范围选择过大，势必将超出研究者的能力范围之外。另外，在确定调查对象的范围时我们还基于了这样一种考虑，如果在全社会公民范围内进行随机调查，可能会带来如下的问题：一是将要求调查员具备很高的素质；二是操作性较差，因为在调查中要对每位被调查对象准确解释调查设计的问题，这样是很难在研究者现有的条件下实现；三是由于存在被调查对象在文化程度和职业背景等方面的差异，可能会对所调查的问题在理解上偏差较大，从而导致调查所获得的数据失去准确性。最重要的是我们考虑到本研究主要是从学生层面，从高校内部去考察高等教育过程公平问题，因此最终决定将调查的对象选为在校大学生。将调查对象选为在校大学生，也具有很强的可行性：一是因为研究者的老师、同门、朋友大多在高校工作，而且他们工作的高校在全国分布很广，因此，在高校中进行调查可以得到他们强有力的支持，也比较容易获得具有代表性的数据支持，事实上，本次调查能获得成功是与我的老师、同门以及朋友们的支持分不开的；二是对高校学生群体进行调查，可操作性强，效率高；三是在校大学生对高等教育过程公平都有亲身感受，对高等教育过程公平中存在的问题都有深刻的体会，在某种设定条件下对高等教育过程公平这类问题的理解的准确性更高。因此从数据的可获取性和准确性的角度出发，本研究将调查对象范围主要定位在高校大学生，调查问卷题项的设计也是针对在校大学生，目的是能够更好地切合本研究的视角——从微观的层面，从高校学生的角度看待高等教育过程公平。

另有一个值得考虑的问题是，高等教育的对象应该包括大专及以上的所有高校学生，但由于时间和精力的限制，我们将调查对象主要选定在本科层次，并只调查了两类高校的学生，即第一类的国家重点大学（第一批招生）的本科生以及第二类省属普通高校（第二批招生）的本科生。

根据前面所述各种原因，本研究正式调查问卷发放的具体对象为：中国地质大学（武汉）、中南民族大学、湛江师范学院、暨南大学、石河子大学、中南林业科技大学、襄樊学院、江西师范大学、长江大学、华中农业大学、南昌大学、江西科技师范学院、重庆师范大学这13所高校的在校本科学生。本研究以从这13所高校所抽取的本科学生为样本，进而来分析高等教育过程公平情况。本次调查在最大限度上遵循随机抽样的原则。本次调查采取自填法，由被调查者当场填写，如有疑问可以当场询问调查员，问卷填写采用无记名方式，要求学生做出真实、独立的回答，调查员当场核实后收回问卷。为保证收集到的调查数据真实有效，调查员在发放调查问卷的时候，严格遵守一人一卷的原则，在这13所高校进行的所有问卷调查，都有同门或朋友严格把关。

本次问卷调查前后历时长达20余天，实际发放问卷2 320份，具体发放情况如表3-2所示。调查共回收问卷1 993份，回收率为85.91%，其中有效问卷1 777份，有效问卷回收率76.59%。

正式调查问卷具体发放情况如下：

表3-1　正式调查问卷发放情况

学校名称	发放份数	学校名称	发放份数
中国地质大学（武汉）	150	襄樊学院	150
中南民族大学	150	江西师范大学	190
湛江师范学院	220	长江大学	100
暨南大学	120	华中农业大学	180
石河子大学	230	南昌大学	260
中南林业科技大学	240	江西科技师范学院	180
重庆师范大学	150	合　　计	2 320

（二）样本的结构特征

1. 样本的个人属性基本情况

本研究调查问卷发放的对象为中国地质大学（武汉）等13所高校在读全日制大学生，问卷共发放2 320份，有效问卷1 777份，有效问卷回收率76.59%，样本的个人属性基本情况如表3-2所示。

由表3-2中的数据可知，从性别上看，取得男生样本778人，占总样本数的43.8%，取得女生样本999人，占总样本数的56.2%；从性格上看，介于内向和外向之间的学生比例最高，占总样本数的59.6%，不清楚的比例最少，只占3.5%；从年级上看，本次共取得一年级样本559人，占总样本数的31.5%，取得二年级样本507人，占总样本数的28.5%，取得三年级样本325人，占总样本数的18.3%，取得四年级样本386人，占总样本数的21.7%，相对而言，大一的学生样本数稍高；

从大学层次来看，重点本科院校的学生样本为810人，占总样本数的45.6%，一般本科院校的学生样本为967人，占总样本数的54.4%；从专业来看，工科学生样本比例最大，占总样本数的28.9%，其他专业相差不大，另外取得其他专业学生样本33人，只占总样本数的1.9%。

表3-2　样本个人基本属性统计特征

变量	类别	频数（人数）	百分比（%）
性别	男	778	43.8
	女	999	56.2
性格	内向	183	10.3
	外向	473	26.6
	介于内向和外向之间	1 059	59.6
	不清楚	62	3.5
年级	大一	559	31.5
	大二	507	28.5
	大三	325	18.3
	大四	386	21.7
大学层次	重点本科院校	810	45.6
	一般本科院校	967	54.4
专业	文史哲	280	15.8
	理科	240	13.5
	工科	514	28.9
	法学经济学管理学	290	16.3
	农林	165	9.3
	师范	255	14.4
	其他	33	1.9

2. 样本的家庭属性基本情况

本研究主要从父母的受教育程度、父母的职业、家庭所在地、家庭收入等方面调查样本的家庭基本属性，样本的家庭属性基本情况如表3-3所示。

表 3-3　样本家庭基本属性统计特征

变量	类别	频数（人数）	百分比（%）
父亲受教育程度	小学及以下	230	12.9
	初中	706	39.7
	高中或中专	549	30.9
	大专或本科	274	15.4
	研究生	18	1.0
母亲受教育程度	小学及以下	470	26.4
	初中	697	39.2
	高中或中专	416	23.4
	大专或本科	179	10.1
	研究生	15	0.8
家庭所在地	农村	962	54.1
	乡镇	471	26.5
	城市	344	19.4
父亲职业	国家干部	102	5.7
	经理人员	42	2.4
	私营企业主	106	6.0
	知识分子或专业技术人员	191	10.7
	职员	187	10.5
	商业服务业员工	22	1.2
	个体工商户	249	14.0
	产业工人	102	5.7
	农民/农民工	724	40.7
	失业/无业	52	2.9
母亲职业	国家干部	42	2.4
	经理人员	10	0.6
	私营企业主	40	2.3
	知识分子或专业技术人员	126	7.1

续表

变量	类别	频数（人数）	百分比（%）
母亲职业	职员	206	11.6
	商业服务业员工	38	2.1
	个体工商户	242	13.6
	产业工人	131	7.4
	农民/农民工	701	39.4
	失业/无业	241	13.6
家庭收入	下等	327	18.4
	中下等	488	27.5
	中等	781	44.0
	中上等	167	9.4
	上等	14	0.8

由表3-3中的数据可知，从父亲受教育程度上看，大部分只接受过初中、高中或中专层次的教育，两者的比例分别为39.7%和30.9%，受教育程度为研究生的比例非常少，只占总样本数的1.0%；从母亲受教育程度上看，只接受过小学及以下教育程度的比例要高于父亲，占总样本数的26.4%，只接受过初中、高中或中专层次教育的比例也比较高，分别达到了39.2%和23.4%，母亲接受的教育程度为研究生的比例也是非常低，只有0.8%；从父母的职业来看，都显示出相同的特点，大部分学生样本的父母都是农民或农民工，父母的职业是国家干部或经理人员的比例都非常低，特别是经理人员的比例最低，分别只有2.4%和0.6%；从家庭收入来看，学生样本的家庭收入大部分在中等或中下等，家庭收入为上等的比例非常低，只占总样本数的0.8%。通过对样本家庭基本属性的分析，我们发现调查对象有以下几个特点：一是父母受教育的程度都比较低；二是来自农村的学生居多；三是学生父母的职业多为农民或农民工；四是学生样本的家庭收入都较低。

第三节　调查的思路与方法

一、调查研究的思路

本研究旨在探讨高等教育过程公平的影响因素以及这些因素与高等教育过程公平之间的关系，在此基础上探讨促进高等教育过程公平的相应对策。我们的调查研究正是基于这一研究目的而展开的，我们先将影响高等教育过程公平的因素——个人基本属性和家庭基本属性确定为考察维度，然后再将这两种基本属性进行细分并提出研究假设、设计出调查问卷，接下来组织实施调查，最后对所获得的调查数据进行统计分析，通过以上环节，试图找出影响高等教育过程公平的主要因素以及这些因素对高等教育过程公平的影响程度，以探讨影响高等教育过程公平的因素模型。

（一）确定研究变量

定量研究离不开定义变量这一关键环节，本研究在探索性研究的基础上，框定了影响高等教育过程公平的重要因素，最终根据本研究的需要，选取了其中几个作为变量考察。我们还将高校学生在校期间几种重要的活动（或过程）确定为高等教育过程公平的考察维度，并从这几个维度考察了高等教育过程的公平性，探讨了高等教育过程公平各重要影响因素与各维度之间的关系。

在有关高等教育过程公平影响因素的研究方面，许多学者已经做出了很多有益探究，认为学生的家庭背景（主要是指学生家庭的经济资本、社会资本和文化资本等）是导致教育公平差异的重要因素，这些研究为本课题探讨高等教育过程公平问题提供了有益的借鉴。除了学生的家庭背景与学生在高等教育过程中所接受的教育公平程度有关联外，学生自身的一些特征也与其所接受的教育公平程度有关联，因此，本研究还着重考虑了这个因素，也就是学生自身的特征与高等教育过程公平的关系。我们在本研究中将来自家庭方面的与高等教育过程公平产生关联的因素归为一个类别，称为家庭基本属性；将与学生在校期间自身所具有的一些特征归为个人基本属性。在研究过程中，我们主要试图从学生的个人基本属性和家庭基本属性入手，分析这些因素与学生在高等教育过程中所接受的公平程度之间的关系，并根据学生个人基本属性和家庭基本属性与高等教育过程公平的相关程度的高低进一步探寻其中的原因。基于前文对高等教育过程公平考量维度的划分，我们在研究中将详细探讨学生个人基本属性和家庭基本属性与高校学生在校期间的各种活动公平之间的关系，具体来说就是要考察这些属性与专业学习过程公平、科学研究过程公平、社会实践过程公平、评优评奖过程公平、弱困扶助过程公平以及人际交往过程公平之间的联系。

这种研究在视角上虽然较为微观，缺乏对高等教育过程公平宏观上的把握，但这种研究视角能深入学生的内心世界，能从高校学生的层面去感受高等教育过程公平的状态，这种从学生个人基本属性和家庭基本属性的研究视角，拓宽了高等教育过程公平研究的领域，以期能收抛砖引玉之效。

1. 个人基本属性变量

基于前文的分析，我们将学生个人基本属性作为考察高等教育过程公平的一个重要变量加以引入，本研究中的学生个人基本属性主要包括：性别、性格、年级、学校层次、专业等，之所以要将这些因素引入本研究，下文分别加以说明。

第一，性别。高校学生性别的差异会影响个体参与高等教育活动的机会，从而影响到高等教育过程公平。通过调查发现，女生参与高等教育活动有许多不同于男生的特点：男生在需要实际动手操作的专业或实验中，明显较女生积极活跃，相对处于优势；女生则由于性别上的原因，一般较内敛，动手操作的积极性不高，从而在一定程度上丧失了锻炼的机会。在这些性质的高等教育过程中，男生参与的机会明显多于女生，参与的程度明显强于女生，这就使得不同性别的学生在受高等教育机会方面出现不同，本研究将被调查者的性别因素作为一个考虑方面，考察高等教育过程公平是否受到性别因素的影响。基于这些考虑，最后决定将性别作为一个自变量引入本研究。

第二，性格。性格不同的学生参与高等教育过程中各种活动的机会和程度也会有所不同，例如，在人际交往方面，性格就有较大的影响，相比较而言，性格外向的学生往往乐于参与各种活动，交际较广泛。高等教育过程也是一个复杂的有机系统，各种因子都有内在的联系，人际关系是一种学生在校期间积累起来的社会资本，这种资本会在学生所处的社会网络中发挥有形无形的作用。较为明显的例子就是，在各种评优过程中，人际关系好的学生相对来说会处于优势地位，评上优秀或先进又会在很大程度上影响学生对高等教育过程公平的感受，因此，我们认为，学生性格与高等教育过程公平之间有相当程度的关联，也应成为研究高等教育过程公平的一个变量加以考虑。在本研究中，我们将性格分为内向、外向、介于内向和外向之间、不清楚四个维度。

第三，年级。随着高校学生年级的增高，参与的各种教育活动在机会上不断增加，在类型上不断丰富，在程度上不断加深，因此，相应地对高等教育过程公平的体会和理解也不断加深。由此可以推定，高年级的学生与低年级的学生相比，在高等教育过程公平的感受方面肯定会有某种程度上的变化。为探析年级对高等教育过程公平产生何种程度的影响，本研究将被调查者所处的年级作为分析高等教育过程公平的变量之一。在调查中，我们力求做到考察一至四年级的在校大学生对高等教育过程公平反映。

第四，学校层次。一所高等学校所能占有的国家教育资源的多寡在某种意义上决定了学生参与高等教育公平的程度。在师资队伍、教学场地、仪器设备、基地建设等方面，重点大学一般都要优于普通院校，这就导致不同高校的学生在高等教育过程中所享有的高等教育资源是非常不公平的。“不同类型的高等学校，在国家政策扶持上和占有国家的教育资源上受到区别对待，对名牌重点大学、社会上知名度高的高等学校，国家在教育资源和政策上给予强有力的扶持，对普通高等学校就没有这么优惠的条件，个体进入不同类型的高等学校学习，所占有的教育资源不同，就会引起个体对名牌大学的向往，加剧入学的竞争，反映出个体参与高等教育的公平是有限的。”① 基于此，本研究也将学生所在的

① 任兴祥，孙毓英. 综合考察高等教育公平问题［J]. 江苏高教，2000 (1): 64-66.

高校层次作为影响因素之一，考察不同层次的高校学生对高等教育过程公平的感受是否一致，如果不一致，又在哪些方面表现较为明显。但由于各种条件的影响，本研究只调查了一般本科院校和重点本科院校两类高校就读的学生。

第五，专业。在很多情况下，高校对不同专业教育资源的配置是有差异的。目前，我国政府对高等教育的投入是非常有限的，高等教育资源还是一种稀缺性资源，尤其对于中西部的高校来说，高等教育资源的稀缺性表现得更为明显。大部分高校为了在激烈的竞争中处于有利地位，在对高等教育资源实行二次分配时，面对公平和效率的抉择，毫不犹豫地选择了效率，将大部分的资源投入重点学科、专业以及优势学科、专业，目的是利用有限的资源把优势学科、专业办出特色，提高知名度，这对一般的普通高等院校特别是地方本科院校来说，也是一种无奈的选择，但这样一来就很可能形成一种“马太效应”，致使高等教育资源在配置过程中出现穷者越穷、富者越富的怪象。教育资源配置的不合理，直接导致不同专业的学生享有的仪器设备、图书资料等高等教育资源不公平，从而造成了不同专业的学生接受高等教育过程的不公平。出于研究的需要，我们最终将专业划分为文史哲、理科、工科、法学经济学管理学、农林、师范以及其他等七类。

有的学者在研究以上各因素对高等教育过程公平的影响时，往往只考虑了一个或者两个，并且采用定量分析的较少。本研究结合相关参考文献和调查访谈的结果，提出以上五个学生个人基本属性影响因素，以从定量的角度寻求它们与高等教育过程公平的内在联系，探析它们在高等教育过程公平中起到何种程度的影响。

2. 家庭基本属性变量

影响高等教育过程公平的家庭基本属性是指进入高等教育系统的受教育者的家庭背景的基本情况，本研究主要从受教育者的家庭所在地、父母受教育程度、家庭阶层、家庭经济状况等方面来加以考察。

第一，家庭所在地。家庭所在地不同的高校学生在政治、经济、社会生活等方面的地位存在着差异，特别是城乡之间的差异更甚，主要原因是我国历史上长期存在的二元社会体制和经济结构使城乡产生了“城市人”与“农村人”的差别，“农村人”在政治、经济、社会生活等各方面都相对处于劣势地位。虽然我国当前正在加大推进城镇化的进程，努力缩小城乡之间的差别，也一直重视并努力发展农村教育，但城乡差异依然明显地存在，农村人口在教育意识和教育理念上依然滞后。基于不同家庭所在地的学生参与高等教育的期望和程度会有所不同，由此而形成的关于高等教育过程的公平感也有所不同，本研究决定将家庭所在地也作为一个变量加以考虑，出于研究的方便，本研究并没有将学生家庭所在地进行细分，只其将家庭所在地分为城市、乡镇以及农村三个方面。

第二，父母受教育程度。父母受教育程度在许多学者的研究中都被当作高等教育过程公平的重要影响因素加以考察，例如，李锋亮等人通过一项全国范围内的高校毕业生调查数据的分析，发现父母的教育背景对于其子女在高校中的英语过级以及担任学生干部都有正向促进作用。文献梳理的结果也证实了父母的受教育程度对高等教育过程公平有很重大的影响。高学历的父母可能从小注意培养其子女学习的独立性与自主性，使得其子女的学习能力在相对缺少学校或教师压力的高等教育阶段处于优势；高学历的家长通过对子女的抚育，能够更好地塑造子女的语言能力和心理素质，能够在入学前后给子女提供许多有关学校活动的支持，这些都使得其子女在高校学习过程中，有更强的动机和更强的能力担任学生干部[①]。父母受教育程度的差别，直接影响到家庭的文化氛围及文化资本的差别，最后也影响到学生在高等教育过程中接受的公平状况。在高等教育过程中，来自家庭的文化资本对高等教育公平的影响是以一种隐蔽的方式出现的。一项关于家庭文化背景与教育关系的国际比较研究表明，造成学生学业成绩差异的原因，80%在于校外，而家庭的社会文化背景是其中最主要的因素[②]。

虽然许多学者都强调父母受教育程度对高等教育过程公平的影响，

---

① 李锋亮，侯龙龙，文东茅．父母教育背景对子女在高校中学习与社会活动的影响［J］．社会，2006（1）：112-129；208．

② 董泽芳．教育社会学［M］．武汉：华中师范大学出版社，1990：87．

但是从定量的角度研究该因素对高等教育过程公平的影响的情况相对较少。本研究故此选用该因素来定量分析高等教育过程公平。在本研究中，父母受教育程度被划分为小学及以下、初中、高中或中专、大专或本科、研究生五个层次。

第三，家庭阶层。许多学者都注意到家庭阶层对高等教育过程公平产生的影响，然而，通过对中国社会分层研究的梳理，我们发现，目前对中国社会阶层的划分是纷繁复杂的，整体中国社会、城市社会、农村社会以及流动到城市的农民群体都包含着不同的阶层。而且改革开放40年来，中国社会结构发生了重大变迁。迄今为止，中国社会仍然处于分化、解组、整合、流动比较剧烈的时期①。本课题研究的重点不在如何划分社会阶层，而是对家庭社会阶层与高等教育过程公平之间的关系展开实证性的研究。考虑到目前对中国社会阶层的研究大多是通过职业来分类的，我们将遵循这一研究思路，通过对研究对象父母的职业进行归类来划分其家庭阶层。本研究中社会阶层划分的标准引用了陆学艺主编的《当代中国社会阶层研究报告》研究成果，将被调查对象的父母职业划分为国家干部、经理人员、私营企业主、知识分子或专业技术人员、职员、商业服务业员工、个体工商户、产业工人、农民/农民工和失业/无业者十个阶层。

由于本研究的重点是高等教育过程不公平的表现形式和影响因素，所以在对数据进行分析的时候，优势阶层和劣势阶层子女在高等教育过程中接受教育的差异性，是我们研究的重点，处于弱势地位的社会阶层的子女在接受高等教育中的境遇，是我们关注的焦点，所以在实施调查和分析结果时，都会对此有所侧重。

第四，家庭经济状况。家庭经济状况同样影响个体参与高等教育的公平。有学者指出，家庭经济状况不同的个体在校期间所受的经济支持能力也不一致，“经济支持能力强的个体有更多时间投入学习，接受高等教育，经济支持能力弱的个体将花费一定时间用于工作，筹措经费，较其他个体只有较少的时间用于学习，参与高等教育的程度和公平显然

① 李强．社会分层十讲［M］．北京：社会科学文献出版社，2008：7.

受到影响”①。我们前期的调查访谈也反映了基本相似的情况：许多来自贫困家庭的学生不得不以勤工俭学、课余打工的方式来助其完成学业，这很可能会影响到他的知识学习。另外，当前大学的知识学习不仅仅是智力、精力的投入，常常需要一些附加投入，如辅助提高效率的电子产品、文化产品等；获取知识、技能的一个渠道也不仅仅局限于课堂教学，另有各类专门的辅导班也可增进知识、技能，而这些不同常规的学习渠道，是需要以经济支持能力为后盾的。如此一来，具有同样学习能力的两个学生，由于家庭经济支持能力不一样，在高等教育过程的各种竞争中就必然处于不同的境地。

因此，本研究选取家庭经济状况作为分析高等教育过程公平的一项主要因素。不过有的学生出于各种顾虑，对家庭经济状况常常采取回避的态度，又或者是对家庭的经济收入估计不准，实际回答往往跟家庭真实经济情况相去甚远，因此对家庭经济状况的调查向来比较困难。本研究采用匿名调查的方法，在一定程度上消除了学生的顾虑，另外我们也结合了被调查对象所在的地区对家庭经济状况做了一些修正，可以说，本次反映学生家庭经济状况的调查数据是基本符合实际情况的。根据研究的需要，我们只将该变量分为下等、中下等、中等、中上等、上等五个层次。

3．高等教育过程公平维度变量

本研究将高等教育过程公平维度方面的变量分为如下六个：

第一，知识学习过程公平。知识学习是大学生在校期间最重要的活动之一，因此，知识学习过程公平是我们重点考察的内容。我们最后确定从专业知识学习、实用技能学习、跨专业学习、课堂教学、获得教师学习指导、教师对学生学习成绩评定等方面来考察学生学习过程的公平状况。

第二，科学研究过程公平。高等对学生的教育不能仅仅停留在知识的传授上，而应使学生参与知识的发现过程，使学生掌握探索真理、创

① 任兴祥，孙毓英．综合考察高等教育公平问题［J］．江苏高教，2000（1）：64-66.

造知识的方法。因此，高校学生的科研活动是一个非常重要的方面，为了探查高校学生科研过程公平状况，本研究设置了“参与教师课题的机会”是否公平以及“获得自主科研项目的机会”是否公平等题项来测量高等教育过程科研过程公平的情况。

第三，社会实践过程公平。社会实践是大学生培养各种能力的主要途径之一，也是高等教育过程的一个重要方面。在整理调查资料的基础上，我们将该变量又细化为做兼职工作、参加学校社团活动、实习等方面分别进行讨论。

第四，评优评奖过程公平。获得奖学金、评上各项先进等方面是衡量学生大学期间所取得成就的一些非常重要指标，在对高等教育过程的考察中，评优评奖获得公平是一个很重要的内容。值得一提的是，在本研究中，我们把奖学金的评选列入了评优评奖过程中，在有些学者的研究中，把奖学金作为学习活动中的重要内容而加以考察，也有些学者认为“是否获得奖学金反映了大学生在学习生活、社会实践、人际交往等各方面的差异”①，因而将其作为考察高等教育过程公平的总体性指标。我们认为，奖学金是给予优秀学生的一种精神和物质上的激励，也存在评选的一个过程，基于此种考虑，我们将其列入评优评奖过程。

第五，弱困扶助过程公平。高校弱困扶助指的是对那些由于各种原因暂居不利位置的弱困群体进行扶持救助的过程。高校的弱困群体包括经济特困生、“学业特困生”（指学生成绩极差的学生）、“心理特困生”（指有突出心理问题的学生）、生理残疾学生、少数民族学生以及行为障碍生。弱困的问题在任何国家都存在，国家、社会和学校应该给予更多的关注和理解。我国党和政府在高校弱困群体扶助的问题上给予了高度的关注，但弱困群体扶助的任务仍然艰巨，特别是在弱困群体扶助过程中的公平性依然值得高度关注，因此，本研究将弱困扶助过程公平也作为一个重要的变量加以考察。基于调查的方便，我们只考察了高校中经济特困生和“心理特困生”这两类弱困的公平情况。

---

① 钟云华，沈红．社会分层对高等教育公平影响的实证研究［J］．复旦教育论坛，2009（5）：56-61.

第六，人际交往过程公平。人际交往是大学生活的一个重要内容，也是高等教育过程的重要组成部分。适当的人际交往不但有利于健康人格的塑造，还可以提升人际沟通能力，是大学生健康成长的重要途径之一。与此同时，大学生通过人际交往，可以扩大自身的交往网络，积累自己的社会资本，给在校期间的学习生活以及毕业后的事业发展都带来有益的帮助。因此，这项过程中的公平是我们考察的重点之一。本研究只对调查对象提及较多的师生互动和同辈群体交往两个类别分别进行了考察。

（二）提出研究假设

在前期探索性研究的基础上，我们最终确定了从学生个人基本属性和家庭基本属性等人口学差异来分析高等教育过程公平的基本思路，在提出研究假设和设计问卷的过程中，我们也严格遵循这一基本思路。

由于在目前有关高等教育过程公平的研究中，非常缺乏具体的实证方面的成果，怎样衡量什么原因到底在何种程度上确实造成了高等教育过程中的机会不平等是一个亟待解决的问题。根据前文所述，假如高等教育过程中确实存在公平问题的话，那就应该体现在学生个人基本属性以及家庭基本属性对高等教育过程公平的影响上。因此，我们认为比较直接的办法是把学生在校期间所获得的各种机会与学生的个人基本属性和家庭基本属性联系起来进行比较，将学生对高等教育过程公平的感受与学生的个人基本属性和家庭基本属性联系起来进行比较，看不同的个人基本属性和家庭基本属性的学生获得的各种机会是否存在显著差异，如果具有显著差异，则确实证明学生的个人基本属性和家庭基本属性对高等教育过程公平产生了影响。如果没有显著差异，则不能说明个人基本属性和家庭基本属性对高等教育过程公平产生了影响。

前面已经讨论了高等教育过程公平研究中的几个基本变量，并借助行为研究领域的重要理论，将高校学生的个人基本属性与家庭基本属性引入了本研究作为自变量。本研究总共提及九个自变量，即性别、性格、年级、学校层次、专业、家庭所在地、父母受教育程度、家庭阶层、家庭经济状况，每个变量都从不同程度上对高等教育过程公平产生影响，基于这种分析，本研究提出如下假说：

1. 高等教育过程公平在个人基本属性上存在差异

具体来说，又可以细化为如下几个方面的内容：一是男生和女生在高等教育过程中存在公平性差异；二是性格不同的大学生在高等教育过程中存在公平性差异；三是年级不同的大学生在高等教育过程中存在公平性差异；四是专业不同的大学生在高等教育过程中存在公平性差异；五是学校层次不同的大学生在高等教育过程中存在公平性差异。

2. 高等教育过程公平在家庭基本属性上存在差异

这个假设又可以从以下几个具体内容加以深入研究：一是城乡来源不同的大学生在高等教育过程中存在公平性差异；二是父母受教育程度不同的大学生在高等教育过程中存在公平性差异；三是家庭阶层不同的大学生在高等教育过程中存在公平性差异；四是家庭经济状况不同的大学生在高等教育过程中存在公平性差异。

根据文献回顾和上述假说，作者构建了高等教育过程公平在个人基本属性和家庭基本属性上的人口学差异的概念模型（见图 3-1）。由于目前尚缺乏对高等教育过程公平的人口学影响因素的专门研究，因此希望该模型的建立能够弥补理论上的一些不足，并为促进高等教育过程公平的管理实践提供一些理论上的指导。

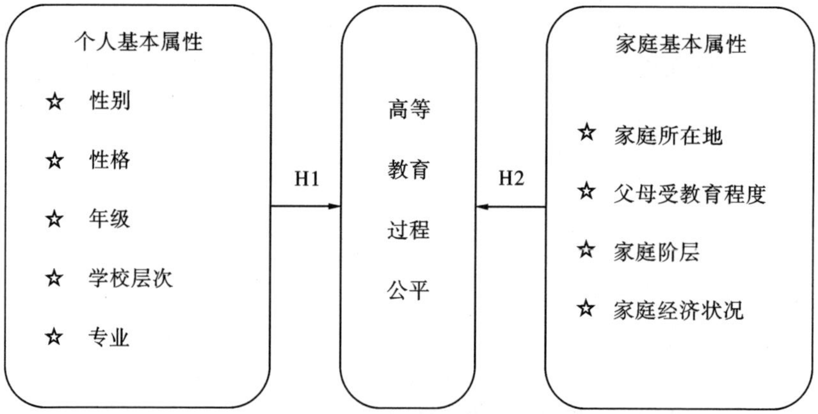

图 3-1　高等教育过程公平人口学差异的概念模型

（三）组织实施调查

本研究的调查实施主要分为以下几个环节：

首先，在参阅了大量文献资料的基础上，并在教师的指导下制订了《〈高等教育过程公平研究〉调查方案》，初步拟定了本研究的调研提纲，并设计了初始的调查问卷和访谈问卷。

然后，进入预调研的实地访谈阶段，并根据访谈的结果修订初始的调查问卷和访谈问卷。为了对高等教育过程做一个完整的、动态的考察，同时也为了探讨高等教育过程中不公平现象的影响因素，我们在做正式研究之前，运用质性研究方法，深入高等教育过程之中，在自然情景下多方收集资料，对高等教育过程进行了预调研的实地访谈。在研究中，我们先对 W 市 32 名高校学生进行了深度访谈，个案访谈采取开放式、一对一、面对面的访谈方式，目的是让被调查者畅所欲言，以收集到全面的、真实的信息，多数访谈保留了录音资料。后期访谈采取半结构式访谈，并辅以开放式问卷调查的方式进一步考察高等教育过程中的问题，这个阶段区别于前期访谈的特点是访谈的问题有侧重点，这样做的目的是在焦点主题上获取有价值的信息，并对前期聚焦的主题及时进行补充。通过对预调研的实地访谈阶段收集到的资料进行整理，我们修订了初始问卷，并建构了本研究分析的基本框架，确定从专业学习过程、科学研究过程、社会实践过程、评优评奖过程、弱困扶助过程、人际交往过程六个维度对高等教育过程公平进行考察，并深入探讨学生个人基本属性和家庭基本属性等先在的对高等教育过程公平的影响。

最后，进入调查问卷的数据采集阶段。经过预调研的实地访谈阶段并修订了调查问卷后，我们运用最终修订合格的正式问卷，在严格按照问卷调查程序的情况下，对中国地质大学（武汉）等 13 所高校 2 320 名在校本科生进行了大规模的问卷调查。问卷施测是以班级为单位组织的团体测试，取纸笔测试的方式，测试前由辅导员宣读指导语，讲解测试的目的和用途，学生当场完成调查试卷的填写并由辅导员统一收回。

（四）进行统计分析

数据采集完成后，就要考虑对数据进行统计分析，以寻找各指标间的数量关系，探寻影响高等教育过程公平的因素模型。为探讨各变量之间的关系，我们先将数据输入统计软件 SPSS 18.0 for Windows 中，之后再对数据进行净化处理。本研究的数据净化是运用“幅度检查”的方法将错误的数据剔除，如“个人基本信息”部分的“你所在的年级”一项，有学生填选两项，经过 SPSS 18.0 for Windows 数据统计筛选，将这部分数据剔除。

接下来对输入的数据进行统计分析，本研究采用定性分析与定量分析相结合的方法分析所获得的调查资料。定性分析主要运用人口差异学理论对访谈的资料进行分析。定量分析主要是运用 SPSS 18.0 for Windows 统计分析软件对定量资料进行统计分析。本研究将采集的 1 777 名大学生的调查数据，全部输入统计分析软件 SPSS 18.0 for Windows 数据库，根据研究需要进行相关的数据分析，分析过程中包括基本描述、单因素方差检验等统计分析方法。如上文所述，本研究是寻求影响高等教育过程公平的因素，为了达到探寻家庭基本属性和个体基本属性对高等教育过程公平的影响的目的，我们对采集的数据进行分析时以单因素方差分析为主，辅以频率统计进行描述性分析。

值得注意的是，虽然本次调查采用的是不记名的方式，调查数据又经过了净化处理这一过程，但高等教育过程公平的问题是一个比较敏感的话题，问卷中的一些题项又涉及许多利益相关者，因此可能会出现学生的回答不够真实的情况，致使本次调查数据依然可能存在不够精确的问题，比如问卷中要求学生回答的诸如家庭收入、与辅导员交往的频次、教育资源的配置等重要信息，可能会出现偏差。另外，从理论上讲教师、家长、教管人员、社会人士等群体也是高等教育过程公平主要感受者，但由于受研究者本身条件的限制，本次调查没有获得来自这些群体的信息，缺少这些群体的评价，可能会导致我们对高等教育过程公平程度的估计有偏差。

二、采用的调查方法

本研究主要采用实地调查研究的方式，以定量统计调查为主，辅以定性的个案访问调查。

（一）访谈法

在预调研的实地访谈阶段中，我们主要采用的是访谈和开放式问卷调查相结合的方法，针对我们所想要研究的内容展开调查。

1. 访谈的对象

在预调研的实地访谈过程中，访谈对象的选取是非常重要的一个问题，由于访谈调查的范围不是很广，访谈对象一定要具有很强的代表性，这样得出的结论才有说服力。因此，对于访谈对象的选取，我们持非常谨慎的态度，从研究实际出发，遵循了如下的思路：

第一，访谈对象的家庭背景应有区别。调查对象的出身不能全部是农民阶层，或者是其他同一阶层，之所以选取家庭出身于不同阶层的学生作为调查群体，是因为考虑到其经济、文化和社会资本对于高等教育过程公平的影响，比如农民阶层较之其他阶层的学生来说资源较为匮乏，在高等教育过程中所处的地位也是不同的。城乡也是我们考察的要素之一，因为城乡之间的各种资本也存在较大的差距，这些不同的资本在大学期间是否发挥重要作用，是否继续存在并不断扩大，对这些问题的考察和分析，与我们的研究目的是一致的。我们在选取调查对象的时候还考虑到了家庭经济收入的情况，家庭经济条件的差异对接受高等教育的过程有何影响也是我们研究的重点之一。

第二，由于专业是影响高等教育过程公平的重要因素，不同专业的学生对高等教育过程公平的感受会不一样，因此我们在访谈中尽可能选取了不同专业的学生，其中包括文科 6 人、理科 6 人、工科 4 人、经济类 5 人、管理类 6 人、师范类 5 人，这种选择试图使研究结果更具有信度和效度。

第三，考虑到性别也是影响高等教育过程公平的重要因素，我们选取了相应比例的男生、女生进行访谈，其中男生 15 人，女生 17 人。

第四，考虑到不同层次的高校里的学生所享有的高等教育资源不一致的情况，我们在选取调查对象的时候，有意识地从一般本科院校和重点本科院校分别抽取访谈对象。

我们严格控制调查对象的选取条件，目的是使调查结论更全面，更有代表性。

2. 访谈的过程

访谈的内容是对武汉市 32 名不同层次、不同类型高校的在校本科生进行考察，调查采取一对一的访谈方式，即每次访谈的对象均是一个，这样做的目的是了解每一位被访者大学期间的经历和感受，体现出其各自的特点，力图使在此基础上总结出的整体情况更深入，更有解释力。

首先，对一部分访谈对象采用开放式访谈的方式，让被访者畅谈其在大学期间的各种经历，深谈其对高等教育过程公平的感受，之后对收集到的相关资料进行总结和归纳，并将我们之前提出的专业学习过程、科学研究过程、社会实践过程、评优评奖过程、弱困扶助过程、人际交往过程六个维度进一步细化，以深入调查高校学生在求学期间各个方面的具体情况。然后，再选取一部分访谈对象进行结构式访谈，让访谈对象根据我们的访谈提纲对高等教育过程公平的问题畅所欲言，发表自己的见解，在此基础上，我们对具有不同自身特点、不同家庭背景的学生进行详细比较，考察其在哪些方面存在差异，由此揭示出高等教育过程不公平的表现形式。以此来了解当前我国高等教育过程中的问题，同时也为开放式问卷内容的设计积累资料。最后，对一部分访谈对象进行开放式问卷调查。开放式问卷调查可以在一定程度上弥补访谈法的不足，诸如花费时间长、访谈的对象数量有限、对提问的技巧要求高等，开放式问卷调查和访谈法的有机结合，会尽可能地缩小访谈结果的偏差。

3．访谈的结论

访谈的结论主要是对访谈资料和开放式问卷调查的结果进行的总结和归纳。我们采用的主要是内容分析法，具体的做法是首先对问卷进行编码，然后对被试的回答内容进行归类，分析不同被试对同一问题回答的异同，最后总结出比较有典型性描述。

通过运用内容分析法对访谈和开放式问卷调查的结果进行归纳和分析，我们初步了解了高等教育过程公平中的问题，为编制高等教育过程公平调查问卷提供了理论和现实依据。在归纳和总结的基础上，我们对各主题的内容进行了分析并得出了以下结论：

第一，通过对被访者大学教育经历进行的考察，可以看到，农村学生这一群体，和其他阶层出身的学生相比，在接受高等教育资源时存在着较大的差距，处于一种相对劣势的地位，这具体表现在知识学习、科研活动、社会实践、评优评奖、弱困扶助、人际交往等方面。由此，我们认为，社会阶层不同的学生在接受高等教育的过程中存在着不公平的现象，即使进入相同的高校，由于出身的社会阶层不同，所获得的高等教育资源时也是不平等的。在大学这个环境中，出身阶层不同的学生并没有获得同样的发展。

第二，通过调查，我们发现，学生在经济资本、社会资本和文化资本上的匮乏对其接受高等教育的过程公平具有很大影响，制约着其在高校中的发展，这些影响因素作用于学生接受高等教育的过程，并且在不同阶段各个方面有着具体的表现形式。由此可见，学生的家庭经济状况、家庭所在地、父母的受教育程度等可以作为影响高等教育过程公平的因素引入本研究。

第三，学生个人的一些基本特征对高等教育过程公平有一定影响，比如，性别影响学生在高等教育过程中参与的活动的性质和程度，因此，对其接受的教育质量具有一定影响，但在不同的专业中，性别的影响力也不一样；性格的影响也表现得较为明显，性格内向、孤僻的同学在人际交往过程中常常处于不利地位。

第四，学生所在学校的层次也是影响高等教育过程公平的因素之一，相对而言，层次高的学校，学生所获得的各种发展的机会较多，取得的教育成就也较大。

（二）问卷调查法

实证研究离不开问卷调查，本课题的实证研究就是以问卷调查为基本工具进行数据收集的。问卷设计得好坏及巧妙与否，直接关系到实证研究的有效性和可靠性。在调查问卷的设计中，对于研究中高校学生对公平现状的评价，主要采用感知评价的方法进行测量。在总结前期访谈收集到的资料的基础上，我们针对本研究拟解决的问题和研究内容设计了调查问卷。

（1）初步编制调查问卷。确定了本研究的调查维度后，我们着手设计具体的题项。设计题项的基本原则是题项要能切实反映高等教育过程公平存在的问题，在语句表达上力求言简意赅。题项的来源主要有以下四个方面：一是有关教育公平的文献资料；二是人口差异学的有关理论文献；三是前人所编制的社会公平、教育公平、高等教育公平调查问卷；四是访谈和开放式问卷调查所得到的结果。经过综合比较、合理选取，初步形成高等教育过程公平调查问卷。

（2）问卷的信度和效度。为确保调查问卷的信度和效度，我们在编制问卷的时候注意到了以下几个方面：其一，在认真研读西方与教育公平问卷编制相关的文献的同时，详细考察国内学者在教育公平的研究成果，从我国国情出发，在采纳高等教育领域专家建议的基础上，构建了相应的高等教育过程公平理论结构，奠定了编制正式问卷的重要基础。其二，在正式编制问卷之前，笔者对问卷编制的基本原理、编制过程以及注意事项作了较为深入的探索，在问卷的编制过程中严格遵循调查问卷的编制规范以保证其科学性和有效性。其三，严格依据理论构想以及每一个具体维度的操作性定义编制题项，每一题项均可从前期探索性研究中的访谈或文本信息中得到考证并经研究者提炼而得到，这保证了题项来源的可靠性。其四，问卷的编制完成后，我们请了 3 位大学教授、6 位博士研究生和 10 位本科生仔细审阅了各个题项，对高等教育过程公平各个维度的题项进行了评估，评估的重点是各维度的设计是否合理、各个维度的题项能否反映出高等教育过程公平的问题、各个题项的表述是否有歧义等方面。最后，我们根据各方反馈结果，对调查问卷中表述欠当的维度和题项进行了适当的修改，删除了一些有问题的或不能反映高等教育过程公平问题题项。对问卷进行修改时我们遵循如下修改原则：①尽量对题项进行修正，而不是简单地删除；②容易产生歧义的题项，对其语义进行修改，使其在一个维度上的特征更加突出；③对不符合我们研究构想的题项直接进行删除；④对题项所属维度进行适当调整；⑤对原构想的维度进行相应的调整。

在正式调查问卷编制完成之后，我们于 2011 年 11 月、12 月先后对中国地质大学（武汉）等 13 所高校的在校大学生进行问卷调查，搜集数据资料。

第四节　调查结果与分析

在对调查数据进行收集、整理、分析的基础上，本部分内容重点探讨了高等教育过程的公平程度，具体包括：知识学习过程的公平程度、科学研究过程的公平程度、社会实践过程的公平程度、评优评奖过程的公平程度、弱困扶助过程的公平程度以及人际交往过程的公平程度。

一、知识学习过程的公平程度

知识学习活动是高校学生在校期间最重要的活动之一，知识学习过程的公平程度是高等教育过程公平的重要指标。对知识学习过程公平程度的考察，我们主要从以下几个方面进行。

（一）获得教师学习指导的公平程度

教师在学习方面对学生的指导是学生获取知识的重要途径，通过考察学生获得教师学习指导的公平状况，是研究学生知识学习过程公平的重要内容之一。由于教师在学习上对学生的指导是多方面的，因此，我们对获得教师学习指导的考察也是多方面的，具体来说从课程学习指导等五个方面进行。

1. 课程学习指导

调查表明，在“获得教师课程学习指导的机会”这一项上，认为“很不公平”的学生有 51 人，占样本总数的 2.9%；认为“不太公平”的有 206 人，占样本总数的 11.6%；认为“一般”的有 780 人，占样本总数的 43.9%；认为“比较公平”的有 587 人，占样本总数的 33.0%；认为“非常公平”的有 153 人，占样本总数的 8.6%（见表 3-4）。

表 3-4　课程学习指导公平状态数据统计描述

	人数	百分比（%）	有效百分比（%）	累计百分比（%）
很不公平	51	2.9	2.9	2.9
不太公平	206	11.6	11.6	14.5
一般	780	43.9	43.9	58.4
比较公平	587	33.0	33.0	91.4
非常公平	153	8.6	8.6	100.0
合计	1 777	100.0	100.0	

从图 3-2 数据分布状况的结果来看，多数学生在“获得教师课程学习指导的机会”这一项上还是感觉比较公平的，而感觉“不太公平”与“很不公平”的学生较少。

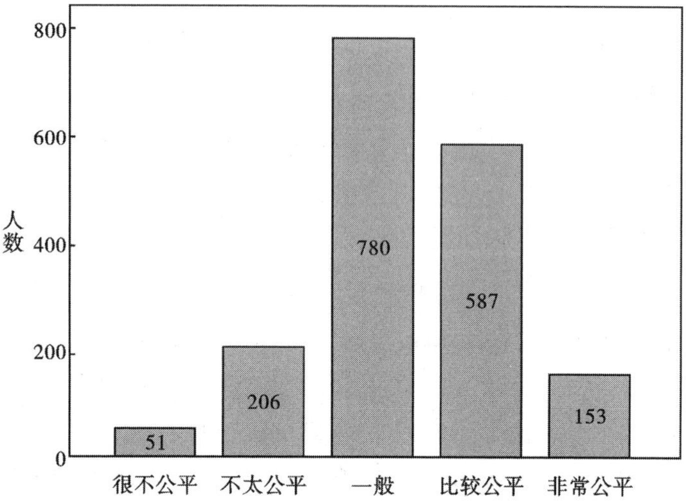

图 3-2　课程学习指导公平状态数据分布图

2. 课外学习指导

根据表 3-5，在“获得教师课外学习指导的机会”这一项上，认为“很不公平”的学生有 106 人，占样本总数的 6.0%；认为“不太公平”的有 338 人，占样本总数的 19.0%；认为“一般”的有 825 人，占样本总数的 46.4%；认为“比较公平”的有 418 人，占样本总数的 23.5%；认为“非常公平”的有 90 人，占样本总数的 5.1%。

从图 3-3 数据分布状况的结果来看，学生在该项上的公平感要比课程学习指导一项差，说明学生在获得教师课外学习指导的机会不如课程学习指导的机会。

表 3-5　课外学习指导公平状态数据统计描述

	人数	百分比（%）	有效百分比（%）	累计百分比（%）
很不公平	106	6.0	6.0	6.0
不太公平	338	19.0	19.0	25.0
一般	825	46.4	46.4	71.4
比较公平	418	23.5	23.5	94.9
非常公平	90	5.1	5.1	100.0
合计	1 777	100.0	100.0	

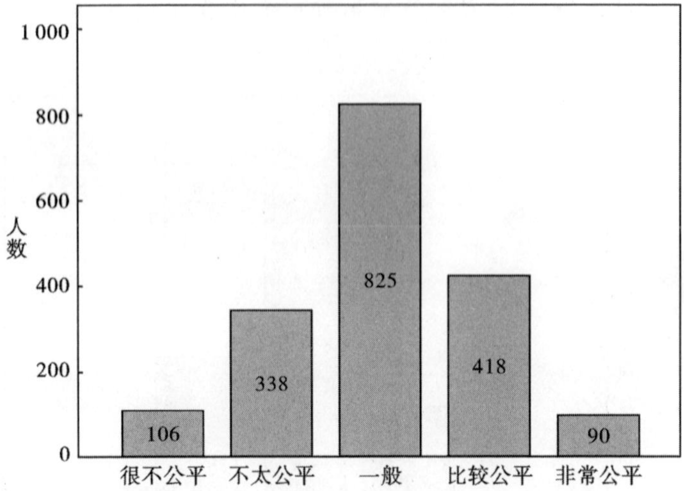

图 3-3　课外学习指导公平状态数据分布图

3. 学习规划指导

根据表 3-6，在“获得教师学习规划指导的机会”这一项上，认为“很不公平”的学生有 84 人，占样本总数的 4.7%；认为“不太公平”的有 314 人，占样本总数的 17.7%；认为“一般”的有 825 人，占样本总数的 46.4%；认为“比较公平”的有 450 人，占样本总数的 25.3%；认为“非常公平”的有 104 人，占样本总数的 5.9%。从表 3-6 中数据分布状况的结果来看，学生在该项上总体感觉还是公平的，认为“很不公平”的人数比例要比认为“非常公平”的人数比例低 1.2 个百分点。

表 3-6　学习规划指导公平状态数据统计描述

	人数	百分比（%）	有效百分比（%）	累计百分比（%）
很不公平	84	4.7	4.7	4.7
不太公平	314	17.7	17.7	22.4
一般	825	46.4	46.4	68.8
比较公平	450	25.3	25.3	94.1
非常公平	104	5.9	5.9	100.0
合计	1 777	100.0	100.0	

从图 3-4 所呈现出的调查结果来看，学生在获得教师学习规划指导方面的公平感还是呈正常分布。

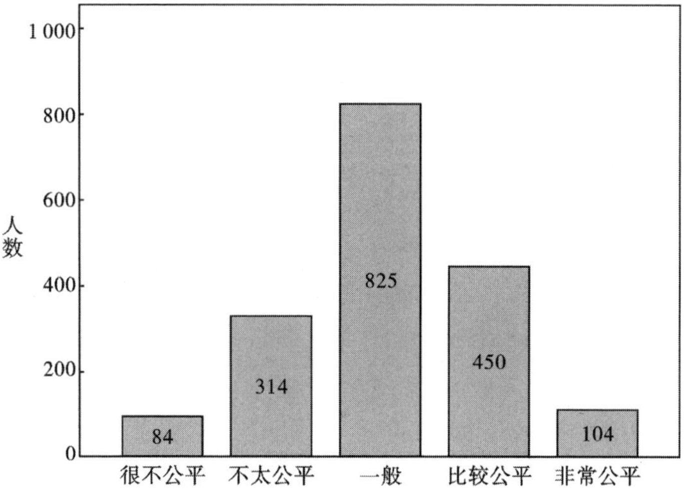

图 3-4　学习规划指导公平状态数据分布图

4. 学习困惑指导

通过对调查数据分析，我们获知，在“获得教师学习困惑指导的机会”这一项上，认为“很不公平”的学生有 59 人，占样本总数的 3.3%；认为“不太公平”的有 208 人，占样本总数的 11.7%；认为“一般”的有 773 人，占样本总数的 43.4%；认为“比较公平”的有 569 人，占样本总数的 32.0%；认为“非常公平”的有 168 人，占样本总数的 9.5%（见表 3-7）。

表 3-7　学习困惑指导公平状态数据统计描述

	人数	百分比（%）	有效百分比（%）	累计百分比（%）
很不公平	59	3.3	3.3	3.3
不太公平	208	11.7	11.7	15.0
一般	773	43.5	43.5	58.5
比较公平	569	32.0	32.0	90.5
非常公平	168	9.5	9.5	100.0
合计	1 777	100.0	100.0	

从学习困惑指导公平状态数据分布图来看，学生在该项上公平感比“获得教师学习规划指导的机会”一项好，数据总体上呈正态分布（见图 3-5）。

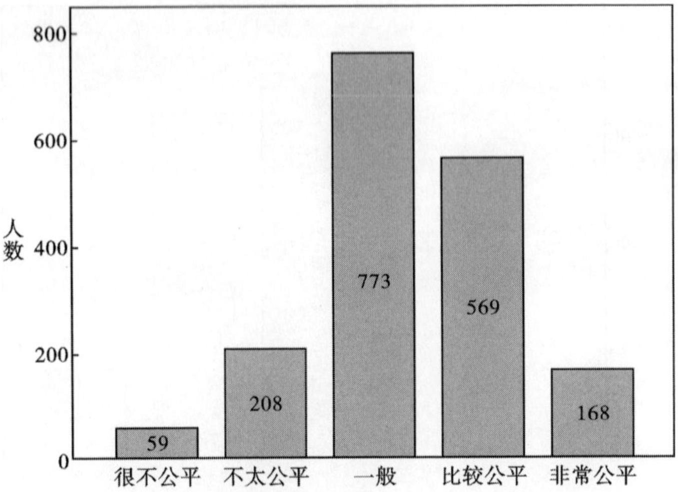

图 3-5　学习困惑指导公平状态数据分布图

5. 学习方法指导

根据表 3-8，在“获得教师学习方法指导的机会”这一项上，认为“很不公平”的学生有 51 人，占样本总数的 2.9%；认为“不太公平”的有 224 人，占样本总数的 12.6%；认为“一般”的有 704 人，占样本总数的 39.6%；认为“比较公平”的有 632 人，占样本总数的 35.6%；认为“非常公平”的有 166 人，占样本总数的 9.3%（见表 3-8）。

表 3-8　学习方法指导公平状态数据统计描述

	人数	百分比（%）	有效百分比（%）	累计百分比（%）
很不公平	51	2.9	2.9	2.9
不太公平	224	12.6	12.6	15.5
一般	704	39.6	39.6	55.1
比较公平	632	35.6	35.6	90.7
非常公平	166	9.3	9.3	100.0
合计	1 777	100.0	100.0	

从学习方法指导公平状态数据分布图显示的结果来看，学生在获得教师学习方法指导上还是比较公平的，认为“比较公平”和“非常公平”的人数之和达到798人（见图3-6）。

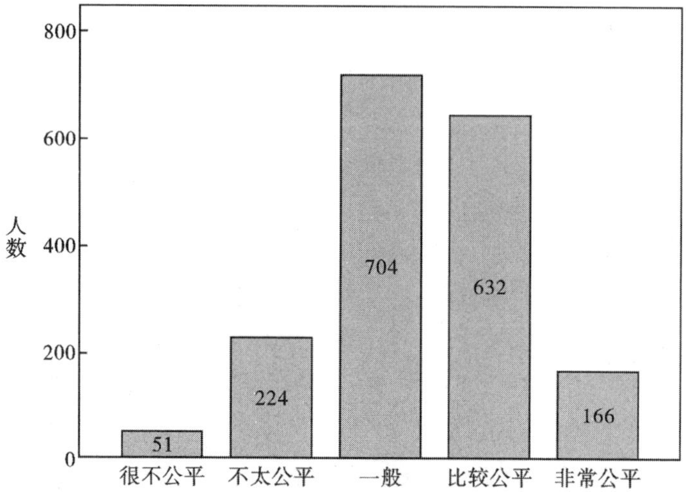

图3-6 学习方法指导公平状态数据分布图

（二）课堂教学过程中的公平程度

调查数据显示，在“教师在课堂教学过程中对待学生”这一项上，认为“很不公平”的学生有30人，占样本总数的1.7%；认为“不太公平”的有172人，占样本总数的9.7%；认为“一般”的有597人，占样本总数的33.6%；认为“比较公平”的有755人，占样本总数的42.5%；认为“非常公平”的有223人，占样本总数的12.5%（见表3-9）。

表3-9 课堂教学公平状态数据统计描述

	人数	百分比（%）	有效百分比（%）	累计百分比（%）
很不公平	30	1.7	1.7	1.7
不太公平	172	9.7	9.7	11.4
一般	597	33.6	33.6	45.0
比较公平	755	42.5	42.5	87.5
非常公平	223	12.5	12.5	100.0
合计	1 777	100.0	100.0	

从课堂教学公平状态数据分布图显示的结果来看，教师在课堂教学过程中对待学生还是比较公平的，学生在这项上的公平感比前几项都要好，认为教师在课堂教学中对待学生“比较公平”和“非常公平”的人数总和达到 978 人（见图 3-7）。

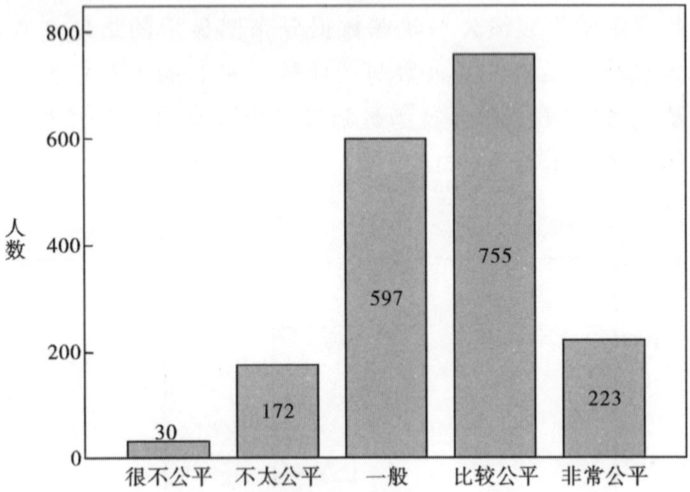

图 3-7　课堂教学公平状态数据分布图

（三）教师评定学生成绩的公平程度

通过对调查数据的分析，我们发现，在“教师对学生成绩的评定”这一项上，认为“很不公平”的学生有 80 人，占样本总数的 4.5%；认为“不太公平”的有 320 人，占样本总数的 18.0%；认为“一般”的有 626 人，占样本总数的 35.2%；认为“比较公平”的有 625 人，占样本总数的 35.2%；认为“非常公平”的有 126 人，占样本总数的 7.1%（见表 3-10）。

表 3-10　教师评定学生成绩公平状态数据统计描述

	人数	百分比（%）	有效百分比（%）	累计百分比（%）
很不公平	80	4.5	4.5	4.5
不太公平	320	18.0	18.0	22.5
一般	626	35.2	35.2	57.7
比较公平	625	35.2	35.2	92.9

续表

	人数	百分比（%）	有效百分比（%）	累计百分比（%）
非常公平	126	7.1	7.1	100.0
合计	1 777	100.0	100.0	

从教师评定学生成绩公平状态数据分布图显示的结果来看，认为教师评定学生成绩“一般”的人数与“比较公平”的人数只相差一人，都占样本总数的35.2%，但是认为教师对学生成绩的评定“不太公平”的人数还较多，占样本总数的18.0%，看来学生在这项上的公平感不是很好（见图3-8）。

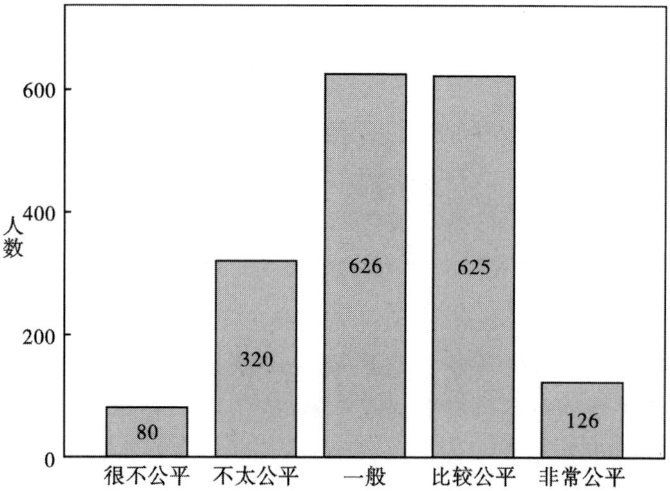

图3-8　教师评定学生成绩公平状态数据分布图

（四）不同专业课程设置的公平程度

通过对调查数据进行分析，我们发现，在“学校不同专业的课程设置”这一项上，认为“很不公平”的学生有119人，占样本总数的6.7%；认为“不太公平”的有355人，占样本总数的20.0%；认为“一般”的有688人，占样本总数的38.7%；认为“比较公平”的有529人，占样本总数的29.8%；认为“非常公平”的有86人，占样本总数的4.8%（见表3-11）。从统计数据的分布状况来看，学生在该项上公平感不是很好，认为学校在课程设置方面“非常公平”的比例要比“很不公平”的比例低 1.9 个百分点，说明学生在高校课程设置这方面还不太满意，不同专业课程设置的公平性有待提高。具体人数的直观分布情况见图 3-9 所示。

表 3-11　不同专业课程设置公平状态数据统计描述

	人数	百分比（%）	有效百分比（%）	累计百分比（%）
很不公平	119	6.7	6.7	6.7
不太公平	355	20.0	20.0	26.7
一般	688	38.7	38.7	65.4
比较公平	529	29.8	29.8	95.2
非常公平	86	4.8	4.8	100.0
合计	1 777	100.0	100.0	

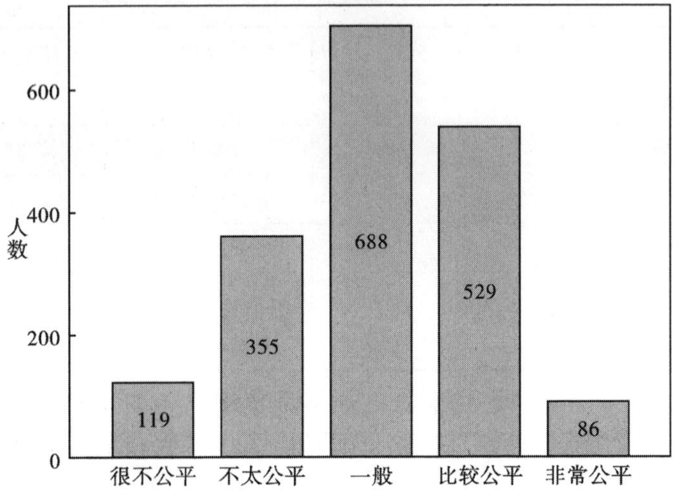

图 3-9　不同专业课程设置公平状态数据分布图

二、科学研究过程的公平程度

高等学校既要培养人才，又要为发展科学技术文化作贡献。学生参与科研活动可以帮助他们充实教学内容、开设新课、启发思维、提供科学训练。因此，学生参与科研活动是非常必要的。那么，当前高校学生参与科研过程的公平状况如何呢？我们从学生参与教师课题以及学生获得自主科研项目两个方面的公平状态进行了分析。

（一）参与教师课题的公平程度

表3-12的数据显示，在“学生参与教师课题的机会”这一项上，认为“很不公平”的学生有151人，占样本总数的8.5%；认为“不太公平”的有434人，占样本总数的24.4%；认为“一般”的有720人，占样本总数的40.5%；认为“比较公平”的有382人，占样本总数的21.5%；认为“非常公平”的有90人，占样本总数的5.1%。从统计数据的分布状况来看，学生在该项上公平感不是很好，认为参与教师课题的机会“很不公平”的学生比例要比“非常公平”的比例高出3.4个百分点，说明学生在获得参与教师课题的机会方面还不太满意，学校应增加学生参与教师课题的机会。

表3-12　参与教师课题公平状态数据统计描述

	人数	百分比（%）	有效百分比（%）	累计百分比（%）
很不公平	151	8.5	8.5	8.5
不太公平	434	24.4	24.4	32.9
一般	720	40.5	40.5	73.4
比较公平	382	21.5	21.5	94.9
非常公平	90	5.1	5.1	100.0
合计	1 777	100.0	100.0	

从学生参与教师课题公平状态数据分布图显示的结果来看，认为公平状态“一般”的学生数量最多，但总体看来，数据的分布明显呈正态（见图3-10）。

（二）获得自主科研项目的公平程度

从表3-13中的数据我们可以获知，在“学生获得自主科研项目的机会”这一项上，认为“很不公平”的学生有195人，占样本总数的11.0%；认为“不太公平”的有406人，占样本总数的22.8%；认为“一般”的有713人，占样本总数的40.1%；认为“比较公平”的有

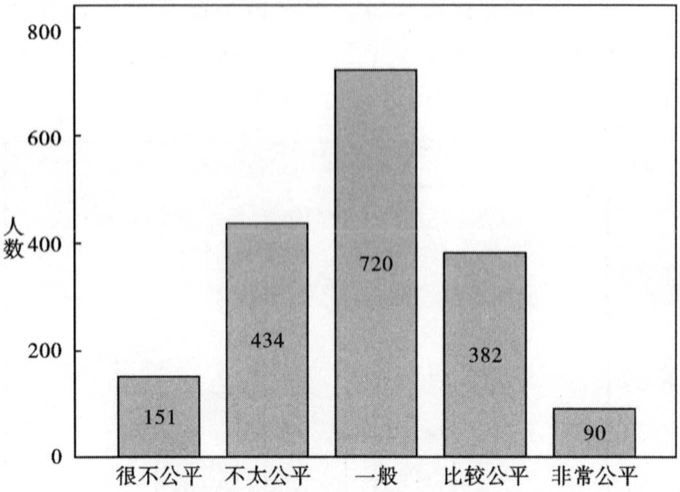

图 3-10 参与教师课题公平状态数据分布图

371 人，占样本总数的 20.9%；认为“非常公平”的有 92 人，占样本总数的 5.2%。从统计数据的分布状况来看，学生在该项上公平感跟上一项“学生参与教师课题的机会”相差不大，公平感也不是很好，认为获得自主科研项目的机会“很不公平”的学生比例要比“非常公平”的比例高出 5.8 个百分点，说明学生在获得自主科研项目的机会方面还不太满意，学校应增加学生自主科研项目的数量，以保障学生参与科研活动的需要。

表 3-13 获得自主科研项目公平状态数据统计描述

	人数	百分比（%）	有效百分比（%）	累计百分比（%）
很不公平	195	11.0	11.0	11.0
不太公平	406	22.8	22.8	33.8
一般	713	40.1	40.1	73.9
比较公平	371	20.9	20.9	94.8
非常公平	92	5.2	5.2	100.0
合计	1 777	100.0	100.0	

从获得自主科研项目公平状态数据分布图可以直观看出，认为该项

公平状态“一般”的学生数量最多，另外值得注意的是认为该项“很不公平”的人数要比认为“非常公平”的多，这也直观地告诉我们高校学生获得自主科研项目的机会不是很多（见图 3-11）。

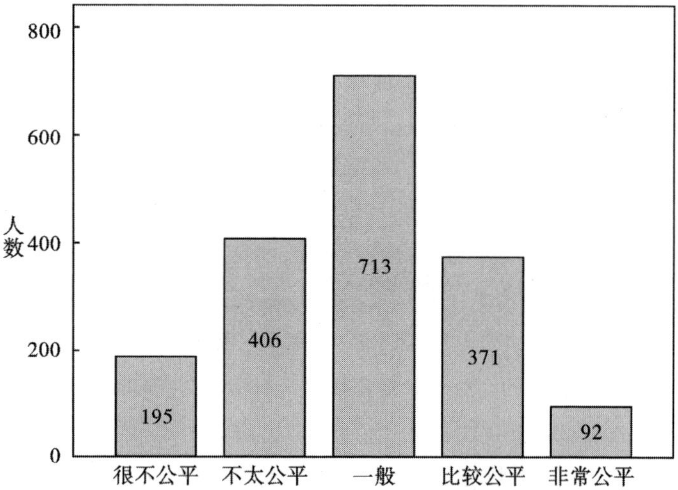

图 3-11　获得自主科研项目公平状态数据分布图

三、社会实践过程的公平程度

学生参加社会实践活动是培养其综合能力的重要途径之一，社会实践过程的公平程度也是高等教育过程公平的一个重要指标。本小节主要从学校社团活动、勤工俭学活动以及专业实习活动等方面考察了高校学生社会实践过程的公平状况，下面分别进行分析。

（一）参加学校社团活动的公平程度

调查数据表明，在“学生参加学校社团活动的机会”这一项上，认为“很不公平”的学生有 69 人，占样本总数的 3.9%；认为“不太公平”的有 211 人，占样本总数的 11.9%；认为“一般”的有 590 人，占样本总数的 33.2%；认为“比较公平”的有 670 人，占样本总数的 37.7%；认为“非常公平”的有 237 人，占样本总数的 13.3%（见表 3-14）。总体来看，学生认为在参与学校社团活动的机会方面比较公平，认为“非常公平”和“比较公平”的总比例达 51%，认为“很不公平”的学生人数较少。

表 3-14　参加学校社团活动公平状态数据统计描述

	人数	百分比（%）	有效百分比（%）	累计百分比（%）
很不公平	69	3.9	3.9	3.9
不太公平	211	11.9	11.9	15.8
一般	590	33.2	33.2	49.0
比较公平	670	37.7	37.7	86.7
非常公平	237	13.3	13.3	100.0
合计	1 777	100.0	100.0	

图 3-12 更加直观地说明了学生在校期间参加社团的公平状态，从总体上讲，学生对获得参加社团的机会感觉是较公平的。

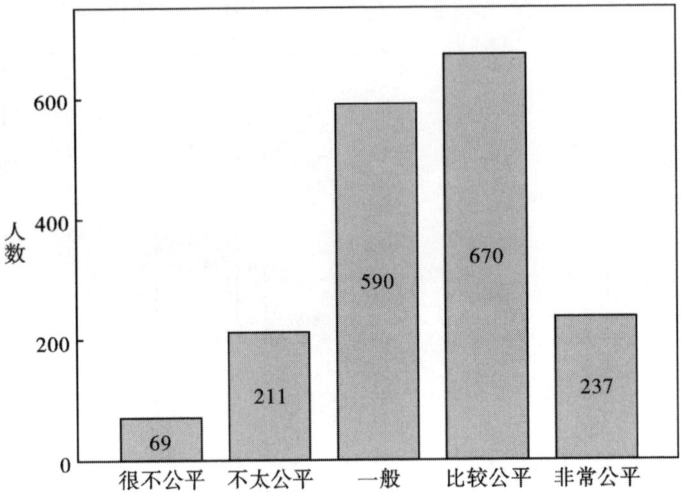

图 3-12　参加学校社团活动公平状态数据分布图

（二）勤工俭学活动的公平程度

从调查数据可以看出，在“学生获得学校安排的勤工俭学的机会”这一项上，认为“很不公平”的学生有 127 人，占样本总数的 7.1%；认为“不太公平”的有 291 人，占样本总数的 16.4%；认为“一般”的有 703 人，占样本总数的 39.6%；认为“比较公平”的有 524 人，占样本总数的 29.5%；认为“非常公平”的有 132 人，占样本总数的 7.4%（见表 3-15）。通过对数据的比较，我们发现，在获得勤工俭学的机会方面，认为“非常公平”和“很不公平”的比例相差甚微。

表 3-15　勤工俭学活动公平状态数据统计描述

	人数	百分比（%）	有效百分比（%）	累计百分比（%）
很不公平	127	7.1	7.1	7.1
不太公平	291	16.4	16.4	23.5
一般	703	39.6	39.6	63.1
比较公平	524	29.5	29.5	92.6
非常公平	132	7.4	7.4	100.0
合计	1 777	100.0	100.0	

图 3-13 直观地显示出，在勤工俭学机会的获得方面，学生的公平感要比参与学校社团的公平感低，高校应注意勤工俭学机会分配的公平性。

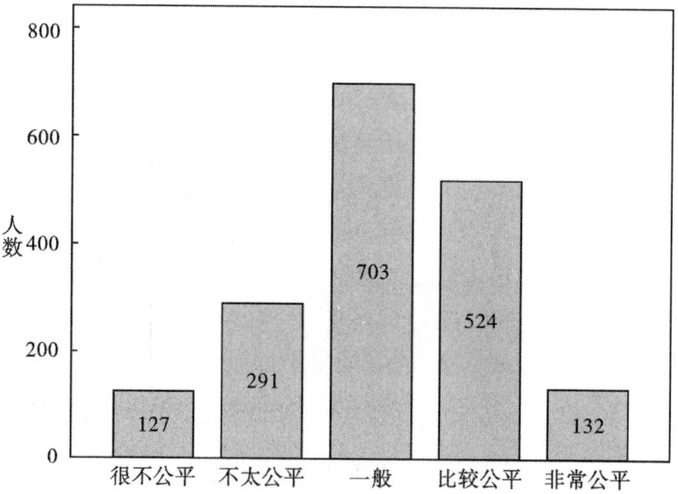

图 3-13　勤工俭学活动公平状态数据分布图

（三）专业实习活动的公平程度

根据表 3-16，从调查数据可以看出，在“学生获得学校分配的专业实习的机会”这一项上，认为“很不公平”的学生有 127 人，占样本总数的 7.1%；认为“不太公平”的有 351 人，占样本总数的 19.8%；认为“一般”的有 766 人，占样本总数的 43.1%；认为“比较公平”的有 415 人，占样本总数的 23.4%；认为“非常公平”的有 118 人，占样本总数的6.6%。通过对数据的比较，我们发现，在获得专业实习的机会方面，认为“非常公平”的要比“很不公平”的比例低。

表3-16　专业实习活动公平状态数据统计描述

	人数	百分比（%）	有效百分比（%）	累计百分比（%）
很不公平	127	7.1	7.1	7.1
不太公平	351	19.8	19.8	26.9
一般	766	43.1	43.1	70.0
比较公平	415	23.4	23.4	93.4
非常公平	118	6.6	6.6	100.0
合计	1 777	100.0	100.0	

专业实习活动公平状态数据分布图显示，大部分学生认为学校安排的专业实习机会公平程度一般，认为“很不公平”的学生人数甚至要比认为“非常公平”的多。高校在安排学生专业实习方面还应提高公平性（见图3-14）。

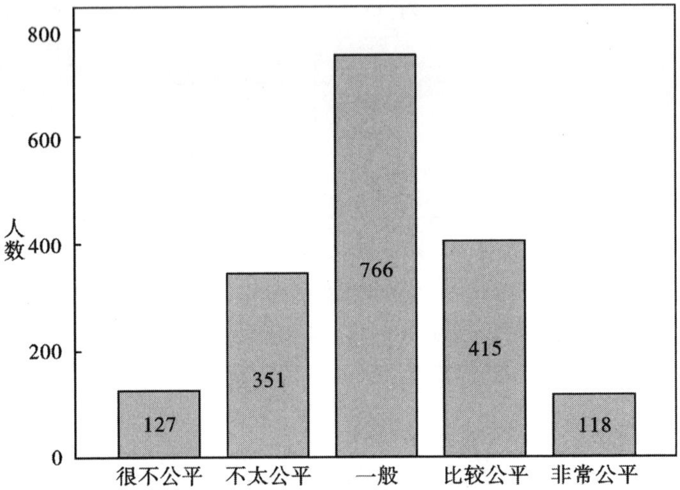

图3-14　专业实习活动公平状态数据分布图

四、评优评奖过程的公平程度

高校的评优评奖活动对树立优秀学生典型、激励广大其他同学都是非常有意义的事，可以说评优是高校学生工作中重要的活动之一。通过对访谈资料的整理，我们总结出高校比较重要的几种评优活动，分别对其公平状况进行分析。

（一）学生干部选拔过程的公平程度

表 3-17 中的数据显示，在“学校或学院学生干部的选拔”这一项上，认为“很不公平”的学生有 146 人，占样本总数的 8.2％；认为“不太公平”的有 382 人，占样本总数的 21.5％；认为“一般”的有 695 人，占样本总数的 39.1％；认为“比较公平”的有 483 人，占样本总数的 27.2％；认为“非常公平”的有 71 人，占样本总数的 4.0％。通过对数据的比较，我们发现，学生认为学生干部选拔过程还缺乏一定的公平性，认为“很不公平”的比例要比认为“非常公平”的比例高 4.2 个百分点。

表 3-17 学生干部选拔过程公平状态数据统计描述

	人数	百分比（％）	有效百分比（％）	累计百分比（％）
很不公平	146	8.2	8.2	8.2
不太公平	382	21.5	21.5	29.7
一般	695	39.1	39.1	68.8
比较公平	483	27.2	27.2	96.0
非常公平	71	4.0	4.0	100.0
合计	1 777	100.0	100.0	

图 3-15 显示，虽然认为学生干部选拔过程“比较公平”的人数较“不太公平”的稍多，但认为该过程“很不公平”的学生人数不可小觑，高达 146 人，这说明高校学生干部的选拔过程还令相当一部分同学很不满意。

（二）奖学金评定过程的公平程度

根据表 3-18，在“学校或学院奖学金的评定”这一项上，认为“很不公平”的学生有 127 人，占样本总数的 7.1％；认为“不太公平”的有 346 人，占样本总数的 19.5％；认为“一般”的有 654 人，占样本总数的 36.8％；认为“比较公平”的有 556 人，占样本总数的 31.3％；认为“非常公平”的有 94 人，占样本总数的 5.3％。通过对数据的分

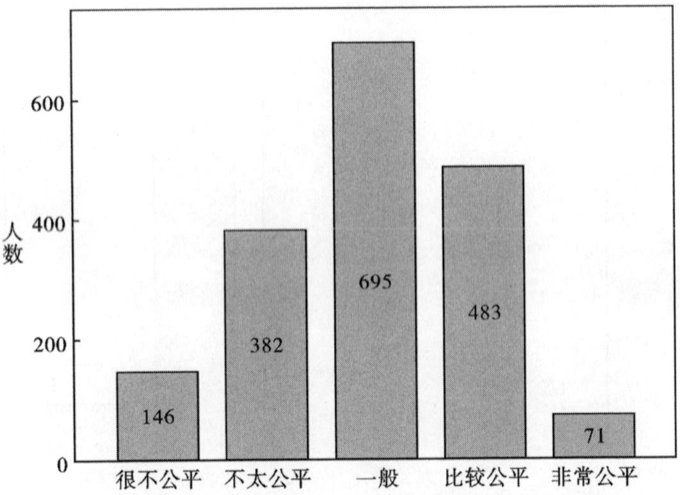

图 3-15　学生干部选拔过程公平状态数据分布图

析，我们发现，高校学生在该项的公平感要比前一项好，但总体公平感还是偏低，认为“很不公平”的比例要高出认为“非常公平”的 1.8 个百分点。

表 3-18　奖学金评定过程公平状态数据统计描述

	人数	百分比（%）	有效百分比（%）	累计百分比（%）
很不公平	127	7.1	7.1	7.1
不太公平	346	19.5	19.5	26.6
一般	654	36.8	36.8	63.4
比较公平	556	31.3	31.3	94.7
非常公平	94	5.3	5.3	100.0
合计	1 777	100.0	100.0	

图 3-16 清楚地表明了奖学金评定过程公平状态，虽然有一部分学生认为比较公平，但奖学金评定过程的公平性还是值得我们关注。

（三）各项先进评选过程的公平程度

通过对调查数据的分析，我们获知，在“学校或学院各项先进的评选”这一项上，认为“很不公平”的学生有 134 人，占样本总数的 7.5%；认为“不太公平”的有 382 人，占样本总数的 21.5%；认为

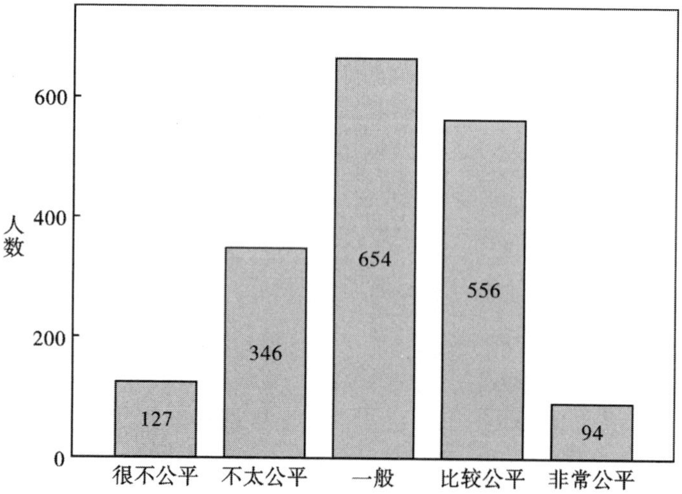

图 3-16　奖学金评定过程公平状态数据分布图

“一般”的有 725 人，占样本总数的 40.8%；认为“比较公平”的有 449 人，占样本总数的 25.3%；认为“非常公平”的有 87 人，占样本总数的 4.9%。从表 3-19 数据分布状况来看，学生在该项上总体公平感欠佳，认为“很不公平”的人数比例要比认为“非常公平”的比例高 2.6 个百分点。

表 3-19　各项先进评选过程公平状态数据统计描述

	人数	百分比（%）	有效百分比（%）	累计百分比（%）
很不公平	134	7.5	7.5	7.5
不太公平	382	21.5	21.5	29.0
一般	725	40.8	40.8	69.8
比较公平	449	25.3	25.3	95.1
非常公平	87	4.9	4.9	100.0
合计	1 777	100.0	100.0	

各项先进评选过程公平状态数据分布图直观显示出，高校大部分学生认为学校各项先进的评选过程公平程度“一般”，另有为数不少的学生认为“很不公平”，只有 87 人认为该过程“非常公平”（见图 3-17）。

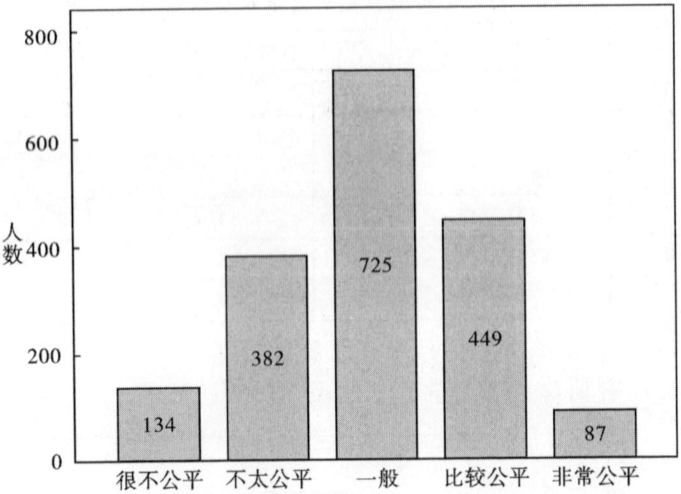

图 3-17　各项先进评选过程公平状态数据分布图

五、弱困扶助过程的公平程度

对高校弱困学生进行扶助，体现了高等教育过程中的补偿原则，目的是让暂时处于不利地位的学生也有权利和机会接受同等质量的教育，完成学业。那么对弱困扶助的过程中是否坚持了公平的原则？高校学生对此过程的公平感又是如何呢？为了探明弱困扶助过程中的公平状况，我们选择了几个项目进行调查。应该说明，高校学生弱困的状况是非常复杂的，有不同类型的弱困，基于研究条件的限制以及对前期访谈资料的总结，我们只选择其中两种较有代表性的群体进行考察。

（一）获得心理健康指导的公平程度

根据表 3-20，我们获知，在“不同学生获得学校心理健康指导的机会”这一项上，认为“很不公平”的学生有 59 人，占样本总数的 3.3%；认为“不太公平”的有 160 人，占样本总数的 9.0%；认为“一般”的有 735 人，占样本总数的 41.4%；认为“比较公平”的有 590 人，占样本总数的 33.2%；认为“非常公平”的有 233 人，占样本总数的 13.1%。总体看来，学生认为从学校或院系获得心理指导的机会还是较公平的，认为“非常公平”的比例远远超过“很不公平”的比例。

表 3-20　获得心理健康指导公平状态数据统计描述

	人数	百分比（%）	有效百分比（%）	累计百分比（%）
很不公平	59	3.3	3.3	3.3
不太公平	160	9.0	9.0	12.3
一般	735	41.4	41.4	53.7
比较公平	590	33.2	33.2	86.9
非常公平	233	13.1	13.1	100.0
合计	1 777	100.0	100.0	

图 3-18 直观显示出学生获得心理健康指导机会的公平状态，数据分布曲线明显向右偏移，表明学生在这项上的评价较高。

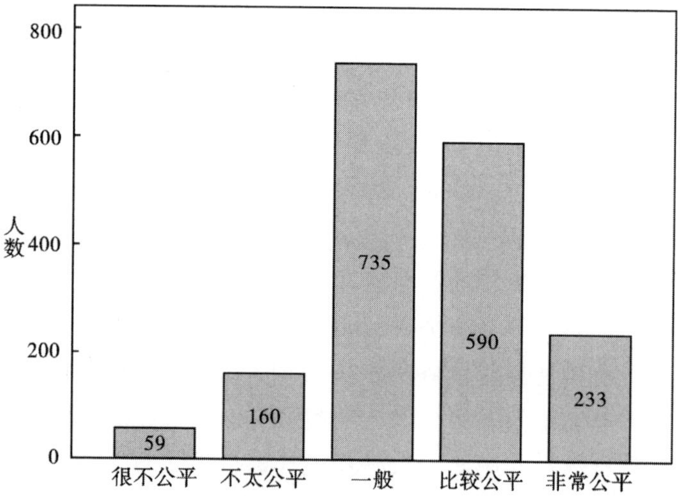

图 3-18　获得心理健康指导公平状态数据分布图

（二）助学金评定过程的公平程度

根据表 3-21，在“学校或学院助学金的评定”这一项上，认为“很不公平”的学生有 158 人，占样本总数的 8.9%；认为“不太公平”的有 377 人，占样本总数的 21.2%；认为“一般”的有 668 人，占样本总数的 37.6%；认为“比较公平”的有 463 人，占样本总数的 26.1%；认为“非常公平”的有 111 人，占样本总数的 6.2%。从表 3-21 数据分布的状况来看，认为“比较公平”的比例要比“不太公平”的高，但认为“很不公平”的比例却又比认为“非常公平”的比例高，高校学生在该项的评价上没有很明显的偏向。

表 3-21　助学金评定过程公平状态数据统计描述

	人数	百分比（%）	有效百分比（%）	累计百分比（%）
很不公平	158	8.9	8.9	8.9
不太公平	377	21.2	21.2	30.1
一般	668	37.6	37.6	67.7
比较公平	463	26.1	26.1	93.8
非常公平	111	6.2	6.2	100.0
合计	1 777	100.0	100.0	

助学金评定过程公平状态数据分布图显示出学生在该项的评价上没有明显的偏向，数据呈现正态分布的趋势。（见图 3-19）

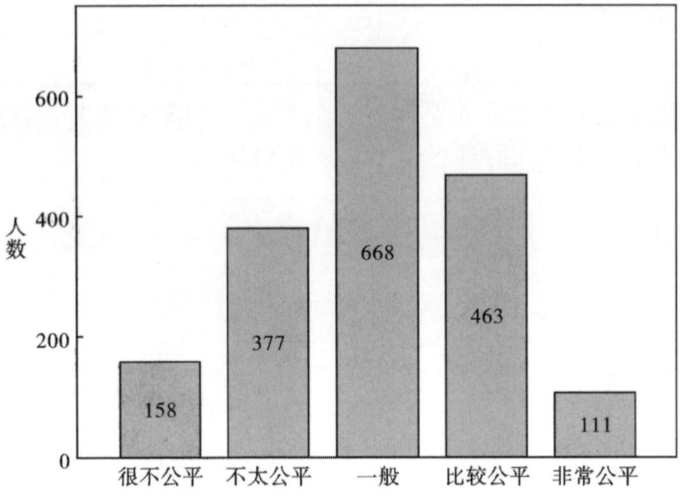

图 3-19　助学金评定过程公平状态数据分布图

六、人际交往过程的公平程度

高校学生的人际交往主要有两种类型，一种是师生交往，另一种是同辈群体之间的交往。我们对高校学生交往过程公平的考察也主要集中在这两方面。

（一）同辈交往的基本状况

根据表 3-22，在对学生进行同辈交往基本状况的调查中，有 0.6%的学生觉得自己与同学的关系“不好”（11 人），有 2.3%的学生觉得自己与同学的关系“不太好”（39 人），有 33.2%的学生觉得自己与同学的关系“一般”（590 人），有 50.9％的学生觉得自己与同学的关系“较好”（905 人），有 13.1％的学生觉得自己与同学的关系“很好”（232 人）。从调查的结果看，有六成以上的学生觉得自己与同学的关系“较好”，只有不到 1％的学生觉得自己与同学的关系“不好”，这说明高校学生在与同学的关系上感觉还是比较好。

表 3-22　同辈交往基本状况数据统计描述

	人数	百分比（％）	有效百分比（％）	累计百分比（％）
不好	11	0.6	0.6	0.6
不太好	39	2.2	2.2	2.8
一般	590	33.2	33.2	36.0
较好	905	50.9	50.9	86.9
很好	232	13.1	13.1	100.0
合计	1 777	100.0	100.0	

图 3-20 更直观地显示出高校学生同辈交往的基本状况，说明高校学生在对自己在同辈交往的过程中感觉还比较好。

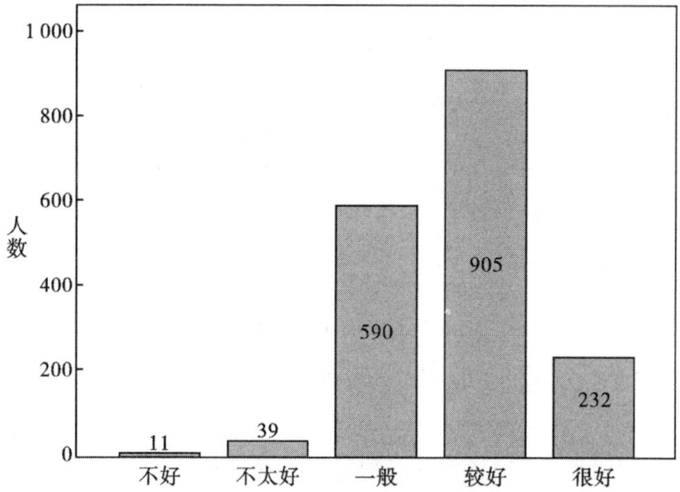

图 3-20　同辈交往状况数据分布图

（二）师生交往机会的公平程度

根据表 3-23，在“日常生活中学生与教师交流的机会”这一项上，认为“很不公平”的学生有98人，占样本总数的5.5%；认为“不太公平”的有300人，占样本总数的16.9%；认为“一般”的有769人，占样本总数的43.3%；认为“比较公平”的有487人，占样本总数的27.4%；认为“非常公平”的有123人，占样本总数的6.9%。从表3-24数据分布状况来看，学生在该项上总体感觉还是公平的，认为“很不公平”的人数比例要比认为“非常公平”的比例低1.4个百分点。

表3-23　师生交往机会公平状态数据统计描述

	人数	百分比（%）	有效百分比（%）	累计百分比（%）
很不公平	98	5.5	5.5	5.5
不太公平	300	16.9	16.9	22.4
一般公平	769	43.3	43.3	65.7
比较公平	487	27.4	27.4	93.1
非常公平	123	6.9	6.9	100.0
合计	1 777	100.0	100.0	

师生交往机会公平状态数据分布图直观显示了师生交往的公平情况（见图3-21），认为师生交往过程中公平状况一般的学生仍然占多数，但学生对该项总体评价还比较高。

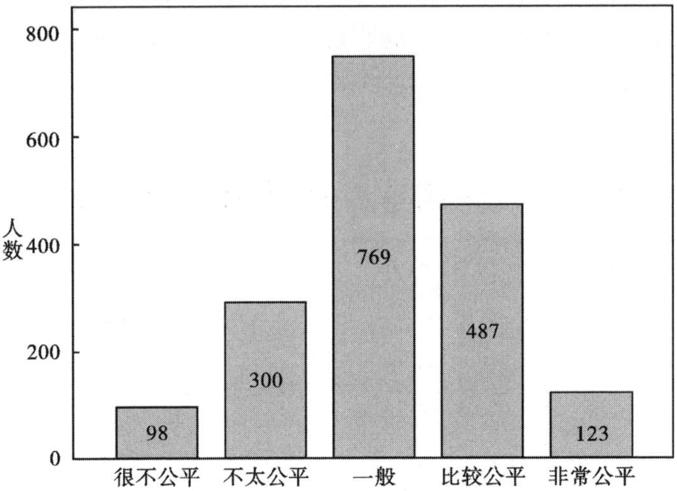

图3-21　师生交往机会公平状态数据分布图

第四章　我国高等教育过程不公平的表现及原因

我国在推进高等教育大众化的过程中对提高高等教育质量问题有所重视，并关注学生的全面发展，这对促进高等教育过程公平具有重要的意义。但在社会转型不断加剧、社会阶层不断分化、高等教育体制尚未完善的大背景下，高等教育过程的不公平问题也必然会产生。我国不少学者十分关注高等教育过程不公平的问题，并从理论和实践的层面进行了不同程度的探讨，但从研究的层面上看，大多是从较宏观的层面开展的，相关的研究稍嫌粗略，缺乏对高等教育过程不公平问题的细致的研究。从研究方法上看，缺乏实证性的研究。为此，本研究试图从高校学生的视角，对高等教育过程的不公平现象进行实证性的探究，并结合调研的相关材料，从高校学生的个人基本属性和家庭基本属性入手，对我国高等教育过程不公平的表现及原因展开讨论。

第一节　我国高等教育过程不公平的表现

一、知识学习过程不公平

知识学习活动是高校学生在校期间最重要的活动，对知识学习过程的不公平情况，我们选择了从专业知识学习、实用技能学习、跨专业学习三个方面来考察。在研究方法上，我们使用 SPSS 18.0 软件中的 ANOVA 检验，分析具有不同特征的学生个体在知识学习过程中的公平状态。

（一）专业知识学习

表 4-1 显示，不同性别的高校学生在“课程设置公平”的评价上不存在显著差异（$P>0.01$），不同学科的学生在“课程设置公平”的评价上也不存在显著差异（$P>0.01$）。学生的其他属性都与“课程设置公平”的评价有显著影响（$P<0.01$），即可认为，学生的性格、年级、学校层次、父母受教育程度、父母职业、家庭所在地、家庭收入等因素都影响到学生对学校课程设置是否公平的评价。也就是说，在专业知识学习中，课程设置的公平程度与学生的性格、年级、学校层次、父母受教育程度、父母职业、家庭所在地、家庭收入等因素相关。

表 4-1　高校课程设置公平的 ANOVA 检验

	平方和	df	均方	F	显著性
性别	0.032	1	0.032	0.033	0.856
性格	16.239	3	5.413	5.706	0.001
年级	35.169	3	11.723	12.497	0.000
学校层次	40.321	1	40.321	43.167	0.000
学科	9.286	6	1.548	1.622	0.137
父亲受教育程度	92.548	4	23.137	25.532	0.000
母亲受教育程度	100.597	4	25.149	27.893	0.000
父亲职业	210.105	9	23.345	27.718	0.000
母亲职业	187.462	9	20.829	24.360	0.000
家庭所在地	101.788	2	50.894	56.551	0.000
家庭收入	216.666	4	54.167	64.781	0.000

表 4-2 显示，不同性别、性格、学校层次的高校学生在“课堂教学公平”的评价上不存在显著差异（$P>0.01$）。学生的其他属性都与“课堂教学公平”的评价有显著影响（$P<0.01$），也就是说，学生的年级、学科、父母受教育程度、父母职业、家庭所在地、家庭收入等因素都影响到学生对课堂教学是否公平的评价。也即年级、学科、父母受教育程度、父母职业、家庭所在地、家庭收入等特征不同的学生在课堂教学中感受的公平状态不一致。

表 4-2 高校课堂教学公平的 ANOVA 检验

	平方和	df	均方	F	显著性
性别	4.276	1	4.276	5.396	0.020
性格	8.548	3	2.849	3.603	0.013
年级	36.900	3	12.300	15.875	0.000
学校层次	4.255	1	4.255	5.370	0.021
学科	20.536	6	3.423	4.358	0.000
父亲受教育程度	51.971	4	12.993	16.946	0.000
母亲受教育程度	47.668	4	11.917	15.494	0.000
父亲职业	117.564	9	13.063	17.851	0.000
母亲职业	92.093	9	10.233	13.713	0.000
家庭所在地	49.185	2	24.592	32.045	0.000
家庭收入	107.662	4	26.915	36.605	0.000

表 4-3 显示，不同性别、性格的高校学生在“学生成绩评定公平”的评价上不存在显著差异（$P>0.01$）。学生的其他属性都与“学生成绩评定公平”的评价有显著影响（$P<0.01$），即学生的年级、学校层次、学科、父母受教育程度、父母职业、家庭所在地、家庭收入等因素都影响到学生对教师评定学生成绩是否公平的评价。那么可以认为，教师对学生学习成绩评定的公平程度受学生的年级、学校层次、学科、父母受教育程度、父母职业、家庭所在地、家庭收入等特征的影响。

表 4-3 高校学生成绩评定公平的 ANOVA 检验

	平方和	df	均方	F	显著性
性别	3.269	1	3.269	3.460	0.063
性格	6.304	3	2.101	2.226	0.083
年级	43.028	3	14.343	15.532	0.000
学校层次	20.491	1	20.491	21.913	0.000
学科	17.684	6	2.947	3.138	0.005
父亲受教育程度	100.312	4	25.078	28.126	0.000

续表

	平方和	df	均方	F	显著性
母亲受教育程度	112.594	4	28.149	31.817	0.000
父亲职业	220.776	9	24.531	29.698	0.000
母亲职业	211.735	9	23.526	28.307	0.000
家庭所在地	92.695	2	46.347	51.789	0.000
家庭收入	220.396	4	55.099	66.878	0.000

（二）实用技能学习

从图 4-1 可知，高校学生有 50.0%的同学学习了其他实用技能，说明在高校相当一部分同学还是比较重视实用技能的学习的，但在学生的个人基本属性和家庭基本属性当中，有哪些与学生的实用技能学习关系比较显著呢？为此，我们进行了进一步的探索。

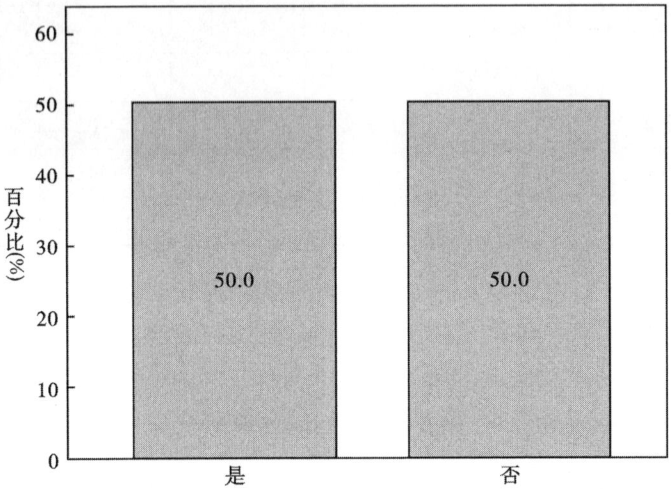

图 4-1　高校学生实用技能学习状况

表 4-4 显示，性别、年级、学校层次不同的高校学生在实用技能的学习上没有显著差异（P 值分别为 0.026、0.046、0.285，$P>0.01$）。学生其他方面的属性与实用技能的学习有显著的影响（$P<0.01$），即学生的性格、学科、父母受教育程度、父母职业、家庭所在地、家庭收入

等都对学生的实用技能学习有显著影响。从我们的调查访谈中了解到，由于学习其他的实用技能一般都需要另外的花费，来自农村或家庭经济状况不太理想的学生就较少学习英语、计算机等其他方面的技能。另外，是否学习其他的实用技能也与家庭的文化氛围、学生的性格有莫大的关系。

表 4-4　高校学生实用技能学习情况的 ANOVA 检验

	平方和	df	均方	F	显著性
性别	1.233	1	1.233	4.939	0.026
性格	3.894	3	1.298	5.226	0.001
年级	2.003	3	0.668	2.676	0.046
学校层次	0.286	1	0.286	1.143	0.285
学科	4.482	6	0.747	3.006	0.006
父亲受教育程度	8.019	4	2.005	8.143	0.000
母亲受教育程度	7.046	4	1.761	7.139	0.000
父亲职业	17.898	9	1.989	8.242	0.000
母亲职业	17.186	9	1.910	7.901	0.000
家庭所在地	4.494	2	2.247	9.065	0.000
家庭收入	11.910	4	2.978	12.204	0.000

（三）跨专业学习

从图 4-2 可知，高校学生有 53.1%的同学选修了其他专业的课程，说明大部分的同学还是非常重视跨专业的学习，但在学生的个人基本属性和家庭基本属性当中，有哪些与学生的跨专业学习关系比较显著呢？为此，我们进行了进一步的探索。

从表 4-5 可知，性别、性格、学科不同的高校学生在跨专业的学习上没有显著差异（P 值分别为 0.934、0.083、0.042，$P>0.01$）。学生其他方面的属性与跨专业的学习有显著的影响（$P<0.01$）。即学生的年级、学校层次、父母受教育程度、父母职业、家庭所在地、家庭收入等都对学生的跨专业学习有显著影响。我们从调查访谈中了解到，学生是否跨专业学习与学生所在的学校层次有很大的关系，层次比较高的综合

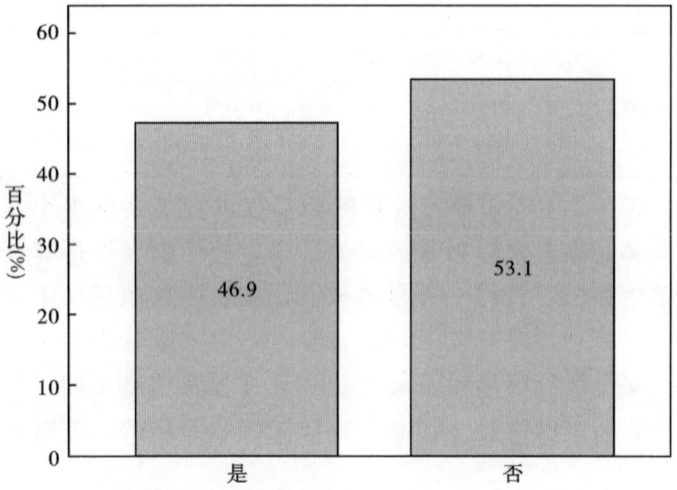

图 4-2　高校学生选修其他专业课程状况

性大学的学生，选修其他专业的课程是比较普遍的现象，但在有些地方性本科院校中，有的由于没有实行学分制，所以很难申请学习其他专业的课程。是否跨专业选修课程，与来自家庭的影响也比较大，比如父母受教育程度低的家庭，很难给学生这方面的建议，另外选修其他专业的课程也受到家庭经济状况的影响。

表 4-5　高校学生选修其他专业课程情况的 ANOVA 检验

	平方和	df	均方	F	显著性
性别	0.002	1	0.002	0.007	0.934
性格	3.996	3	1.332	5.384	0.083
年级	48.349	3	16.116	72.481	0.000
学校层次	0.748	1	0.748	3.005	0.001
学科	9.568	6	1.595	6.518	0.042
父亲受教育程度	2.462	4	0.615	2.478	0.000
母亲受教育程度	4.486	4	1.122	4.536	0.001
父亲职业	7.736	9	0.860	3.493	0.000
母亲职业	7.215	9	0.802	3.254	0.001

续表

	平方和	df	均方	F	显著性
家庭所在地	0.205	2	0.103	0.412	0.002
家庭收入	9.939	4	2.485	10.177	0.000

总之，高校学生知识学习过程的公平程度既受到学生个人基本属性的影响，又受到来自家庭因素的影响。学生的性别、性格等会在一定程度上影响学生在学习过程中参与的机会，所在学校的层次不同也会影响专业知识学习特别是跨专业学习的机会。不同家庭背景的学生由于家庭经济收入、父母所处阶层以及父母所接受的教育程度不同，导致其在学习过程中所能获得的文化、信息、经济支持是不同的，进而形成学习过程中的不公。

从上述情况可以看出，高校学生在专业知识学习过程中的公平感与其个人基本属性和家庭基本属性都有程度不一的相关性，其中有些因素，诸如父母受教育程度、父母职业、家庭所在地、家庭收入等与学生专业知识学习过程中各方面的公平感都有显著影响。

二、科学研究过程不公平

高校科学研究活动是开发学生智力，培养学生发现问题、分析问题和解决问题能力的有效手段。学生参加科研活动对提高其综合素质意义重大。目前高校学生在参与科研的机会上还存在不公平的现象，本研究主要从获得自主科研项目以及参与教师课题的机会两个方面来探讨高校学生科研过程中的不公平现象。

（一）自主科研项目

表 4-6 显示，性别、性格不同的高校学生在对“获得自主科研项目机会公平”的评价上没有显著差异（P 值分别为 0.187、0.226，$P>0.01$）。学生其他方面的属性与获得自主科研项目的公平感有显著的影响（$P<0.01$）。即学生的年级、学校层次、学科、父母受教育程度、父母职业、家庭所在地、家庭收入等都对学生的获得自主科研项目的公平感有显著影响。我们从调查访谈中了解到，学生是否能获得自主科研项目首先与学生所在的学校层次有很大的关系，层次比较高的综合性大学

为学生提供的科研项目相对较多，也能提供较优越的科研条件，有利于学生进行科研活动，而条件较差的一般高校，学生很难获得自主科研的机会。另外，科研不仅需要来自学校的资助，有时候也需要来自家庭的经济支持，因此可以看出家庭基本属性对学生获得自主科研项目的机会也是有显著影响的。

表 4-6　高校学生获得自主科研项目机会公平的 ANOVA 检验

	平方和	df	均方	F	显著性
性别	1.855	1	1.855	1.742	0.187
性格	4.634	3	1.545	1.451	0.226
年级	65.845	3	21.948	21.306	0.000
学校层次	29.408	1	29.408	28.021	0.000
学科	12.672	6	2.112	1.989	0.004
父亲受教育程度	108.032	4	27.008	26.822	0.000
母亲受教育程度	129.017	4	32.254	32.413	0.000
父亲职业	246.588	9	27.399	29.418	0.000
母亲职业	231.198	9	25.689	27.326	0.000
家庭所在地	108.163	2	54.081	53.774	0.000
家庭收入	190.829	4	47.707	49.684	0.000

（二）参与教师课题

从图 4-3 可以看出，高校学生大部分没有参与教师的研究课题，一次都没参与教师课题的学生占样本总数的 71.5％，只有 5.9％的学生参与了三次及以上教师的课题，参与过二次的学生人数也很少，只有 6.2％。总体看来，高校本科生能够参与教师课题的机会非常欠缺，为探寻何种因素对这种现象有显著影响，我们对调查数据进行了进一步的分析。

根据表 4-7，性别、父亲受教育程度、母亲受教育程度、家庭所在地不同的高校学生在“参与教师课题机会”这一项上没有显著差异（P 值分别为 0.234、0.661、0.913、0.885，$P>0.01$）。学生其他方面的属性对其参与教师课题的机会有显著的影响（$P<0.01$）。也就是说，学生

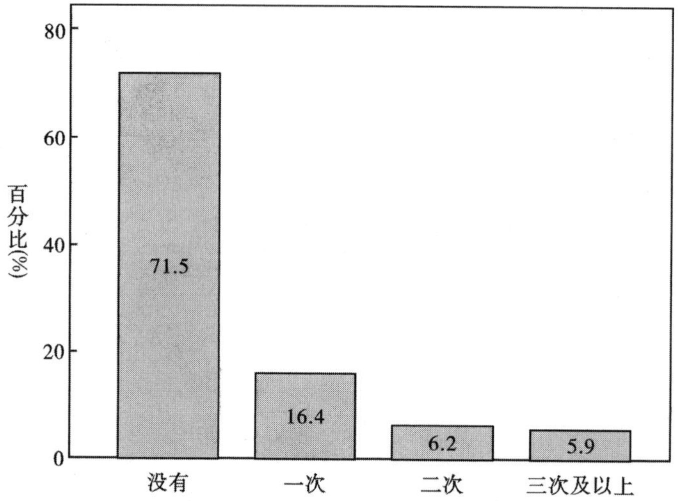

图 4-3　高校学生参与教师科研课题状况

的性格、年级、学校层次、学科、父母职业、家庭收入等都对学生参与教师的科研课题有显著影响。从调查访谈中我们了解到，教师一般喜欢思维活跃、积极主动、能力较强的学生参与其主持的课题，因此，在参与教师课题的机会上，学生性格就表现出显著的相关性，也即性格外向的学生获得这方面的机会相对较多；层次较高的学校，教师的课题相对较多，学生能够参与课题的机会也多；学生参与教师课题机会的多少还与学生所在的学科有较大关系，理工科的学生参与教师课题的机会相对较多一些。

表 4-7　高校学生参与教师科研课题的 ANOVA 检验

	平方和	df	均方	F	显著性
性别	1.027	1	1.027	1.419	0.234
性格	10.081	3	3.360	4.670	0.003
年级	10.831	3	3.610	5.020	0.002
学校层次	5.684	1	5.684	7.881	0.005
学科	25.128	6	4.188	5.879	0.000
父亲受教育程度	1.745	4	0.436	0.602	0.661

续表

	平方和	df	均方	F	显著性
母亲受教育程度	0.710	4	0.178	0.245	0.913
父亲职业	25.373	9	2.819	3.952	0.000
母亲职业	26.585	9	2.954	4.144	0.000
家庭所在地	0.178	2	0.089	0.123	0.885
家庭收入	40.766	4	10.191	14.503	0.000

三、社会实践过程不公平

高校学生社会实践活动的类型很多，出于研究的需要，我们选择了下列几类加以考察，以探讨学生社会实践过程不公平的现象。

（一）专业实习活动

表 4-8 显示，性格不同的高校学生在对“获得专业实习机会公平”的评价上没有显著差异（P 值为 0.069，$P>0.01$）。其他属性对学生的专业实习机会的公平感有显著的影响（$P<0.01$），即学生的性别、年级、学校层次、学科、父母受教育程度、父母职业、家庭所在地、家庭收入等都对学生的获得专业实习机会的公平感有显著影响。从调查访谈中我们了解到，学生的专业实习一般都靠学校联系，但总体而言，学生专业实习的机会并不是很多，有的学校只是在学生临毕业时才安排一次，于是专业实习机会对高校学生来说也具有稀缺性，从我们的调查结果来看，学生对学校分配实习机会的公平程度还不是很满意。

表 4-8　高校学生专业实习机会公平的 ANOVA 检验

	平方和	df	均方	F	显著性
性别	8.469	1	8.469	8.657	0.003
性格	6.969	3	2.323	2.370	0.069
年级	46.846	3	15.615	16.305	0.000
学校层次	18.390	1	18.390	18.907	0.000
学科	28.730	6	4.788	4.939	0.000
父亲受教育程度	105.970	4	26.492	28.645	0.000

续表

	平方和	df	均方	F	显著性
母亲受教育程度	121.527	4	30.382	33.165	0.000
父亲职业	218.141	9	24.238	28.054	0.000
母亲职业	202.382	9	22.487	25.761	0.000
家庭住址	85.022	2	42.511	45.436	0.000
家庭收入	176.628	4	44.157	49.896	0.000

（二）社会兼职工作

图 4-4 显示，高校学生中相当一部分没有社会兼职工作的经历，占样本总数的 47.6%，有过三次及以上社会兼职工作经历的学生只占 14.5%，另有 13.5%的学生参加过二次社会兼职工作，剩余的 24.4%的学生只有一次社会兼职工作经历。总体而言，高校学生参与社会兼职工作的机会不是很多。

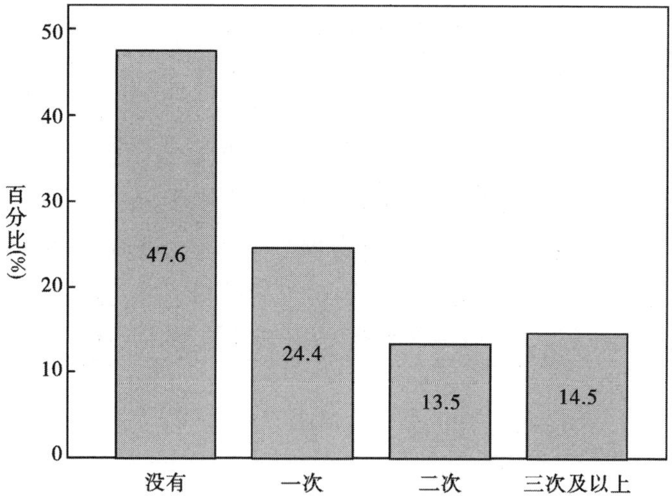

图 4-4 高校学生参加社会兼职工作状况

根据表 4-9，性别、性格不同的高校学生在“参加社会兼职工作”这一项上没有显著差异（P 值分别为 0.011、0.018，$P>0.01$）。学生其他方面的属性对其参加社会兼职工作有显著的影响（$P<0.01$），也就是

说，学生的年级、学校层次、学科、父母受教育程度、父母职业、家庭所在地、家庭收入等都对学生参加社会兼职工作有显著影响。从调查访谈中我们了解到，高校学生社会兼职工作的机会一方面靠学校提供，另一方面得发挥自己社会网络资源的作用。学校条件好，在学生社会实践活动中投入较多，那么给学生兼职的机会也相应较多；学生的社会网络资源多，得到兼职的信息也会增多。当然，是否参加社会兼职工作与学生家庭经济状况也有很大关系，家庭经济状况好的同学一般不愿把时间花在兼职工作上，而经济条件差的同学，有时候不得不靠参加兼职工作以减轻家庭负担。

表 4-9　高校学生参加社会兼职工作的 ANOVA 检验

	平方和	df	均方	F	显著性
性别	7.700	1	7.700	6.494	0.011
性格	11.937	3	3.979	3.358	0.018
年级	404.800	3	134.933	140.090	0.000
学校层次	85.765	1	85.765	75.111	0.000
学科	85.219	6	14.203	12.400	0.000
父亲受教育程度	65.403	4	16.351	14.153	0.000
母亲受教育程度	89.617	4	22.404	19.625	0.000
父亲职业	85.862	9	9.540	8.318	0.000
母亲职业	79.296	9	8.811	7.657	0.000
家庭所在地	77.300	2	38.650	33.689	0.000
家庭收入	52.533	4	13.133	11.297	0.000

（三）学校社团活动

图 4-5 显示，高校学生绝大部分都参加了一个以上的学校社团活动，其中，参加过一个社团的学生占 36.1％，参加过二个社团的学生占 28.4％，有 11.2％的学生参加过三个及以上的社团，没有参加学校社团活动的学生只占样本总量的 24.3％。从总体情况看，高校学生参加社团活动的积极性比较高。

根据表 4-10，性别不同的高校学生在“参加学校社团活动”这一项

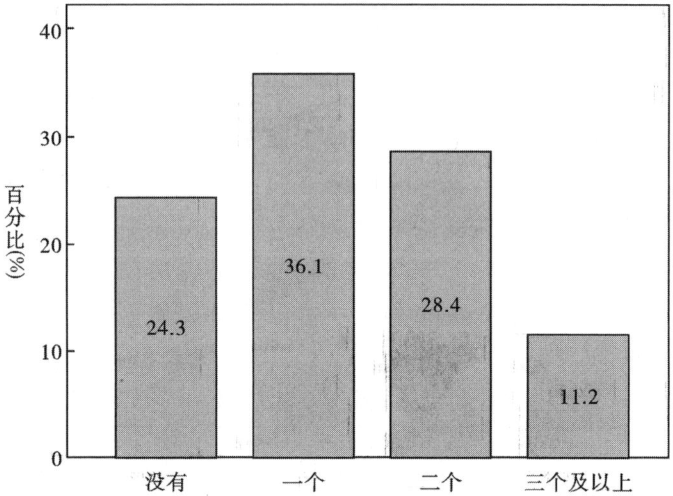

图 4-5　高校学生参加社团活动状况

上没有显著差异（P值为0.752，$P>0.01$）。其他属性对高校学生参加学校社团活动有显著的影响（$P<0.01$）。也即，学生的性格、年级、学校层次、学科、父母受教育程度、父母职业、家庭所在地、家庭收入等都对学生参加学校社团活动有显著影响。从调查访谈中我们了解到，性格外向的学生一般倾向于喜欢参加各种社团活动，内向的学生参加的积极性相对较低；目前大多数高校都有较丰富多彩的学生社团，为学生参加各种活动提供了条件，但层次较高的学校社团活动更多，活动的质量也更高；一些社团需要交纳一定的费用，因此，家庭经济状况对学生参加社团活动有一定制约作用。

表 4-10　高校学生参加社团活动的 ANOVA 检验

	平方和	df	均方	F	显著性
性别	33.040	1	33.040	37.280	0.752
性格	25.224	3	8.408	9.429	0.000
年级	10.626	3	3.542	3.936	0.008
学校层次	0.090	1	0.090	0.100	0.000
学科	5.107	6	0.851	3.635	0.001

续表

	平方和	df	均方	F	显著性
父亲受教育程度	31.499	4	7.875	8.862	0.000
母亲受教育程度	20.905	4	5.226	5.842	0.000
父亲职业	63.627	9	7.070	8.098	0.000
母亲职业	51.253	9	5.695	6.472	0.000
家庭所在地	28.656	2	14.328	16.113	0.000
家庭收入	34.772	4	8.693	9.803	0.000

四、评优评奖过程不公平

评优评奖工作是加强高校文明建设的重要手段，也是高校重点工作之一，评优评奖过程是否公平事关学生的切身利益。为了探寻高校学生评优评奖过程中的公平问题，我们结合前期探索性访谈中所获得的有关资料，选择了几个高校学生比较关注的项目进行分析。

（一）担任学生干部

从图4-6来看，高校中大部分学生没有担任过学生干部，没担任过学生干部的比例为61.8%，只有38.2%的学生担任过干部，这跟实际情况相符合，毕竟能担任学生干部的只是少数能力较强、各方面较为优秀的学生。本研究重点关注的是有哪些因素与学生担任干部有比较显著的关系，为此，我们对影响学生担任干部的相关因素进行了分析。

根据表4-11，性别、学校层次不同的高校学生在“担任学生干部”一项上没有显著差异（P值分别为0.509、0.129，$P>0.01$）。其他属性对高校学生担任学生干部有显著的影响（$P<0.01$）。也可以认为，学生的性格、年级、学科、父母受教育程度、父母职业、家庭所在地、家庭收入等都对学生担任学生干部有显著影响。从调查访谈中我们了解到，担任学生干部与学生本人的性格有较为密切的关系，外向的学生在各方面表现活跃，乐于与他人交往，无形中积累起比较广泛的人际关系，现在高校学生干部一般实行选拔制度，广泛的人际网络使这些同学在评选的过程中处于优势。另外，我们还得知，能否担任学生干部与学生的家庭所在地、家庭文化背景、家庭经济背景也有较为密切的关系，

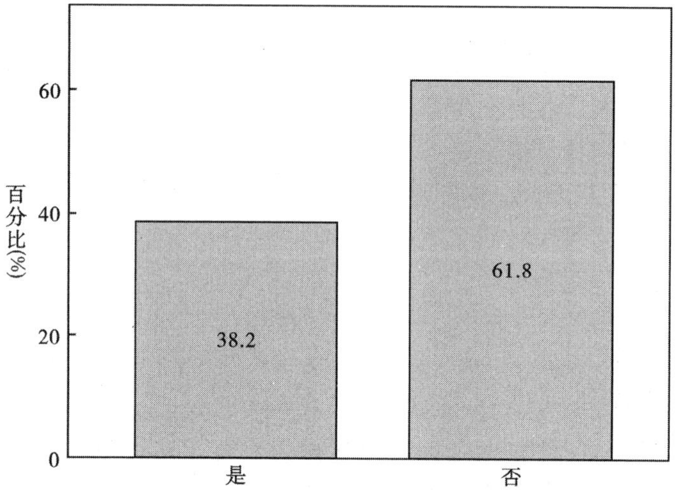

图 4-6 高校学生担任学生干部状况

一般来说，来自农村的或家庭经济状况不佳的学生担任学生干部的机会相对较少，但这并不表示，出身农民家庭或家庭经济状况不好的学生就没有机会担任干部，事实上，我们在调查访谈中发现，也有一些家庭阶层较低、经济状况不佳的学生成功担任了学生干部。

表 4-11 高校学生担任干部的 ANOVA 检验

	平方和	df	均方	F	显著性
性别	0.103	1	0.103	0.437	0.509
性格	11.777	3	3.926	17.069	0.000
年级	3.962	3	1.321	5.634	0.001
学校层次	0.545	1	0.545	2.308	0.129
学科	5.107	6	0.851	3.635	0.001
父亲受教育程度	12.136	4	3.034	13.196	0.000
母亲受教育程度	15.530	4	3.882	17.028	0.000
父亲职业	17.410	9	1.934	8.500	0.000
母亲职业	18.408	9	2.045	9.009	0.000
家庭所在地	10.521	2	5.260	22.815	0.000
家庭收入	24.781	4	6.195	27.808	0.000

（二）奖学金评定

根据图 4-7，高校学生获得奖学金的状况与担任学生干部的情况基本一致，能获得机会的学生比例都较少。在本研究样本中，有 34.7％的学生获得过奖学金，65.3％的学生未曾获得奖学金。我们进一步探索了与获得奖学金相关的影响因素。

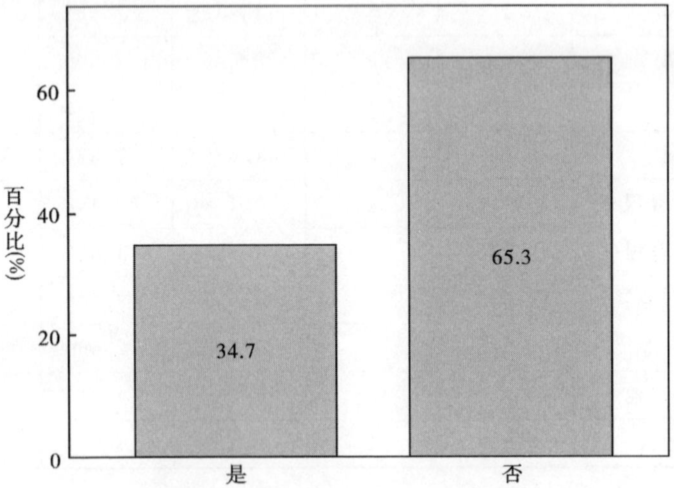

图 4-7　高校学生获得奖学金状况

根据表 4-12，性别、性格、年级、学科不同的高校学生在“获得奖学金的机会”一项上没有显著差异（P 值分别为 0.770、0.388、0.017、0.134，$P>0.01$）。其他属性对高校学生获得奖学金的机会有显著的影响（$P<0.01$），也可以认为，学生的学校层次、父母受教育程度、父母职业、家庭所在地、家庭收入等都对学生获得奖学金有显著影响。从调查访谈中我们了解到，层次不同的高校为学生所设立的奖学金无论在种类上还是在金额上都有较大的差别，相对而言，在层次较高的学校，学生获得奖学金的机会要多，因此，我们可以看出，学校层次是影响奖学金获得机会的一个重要因素；另外，奖学金的评选过程也是对一个学生的综合素质的全面考察，这不仅仅牵涉到学习成绩一个方面，每个高校基本上都有一套比较复杂的评分系统，学生是否担任过干部、是否参加比赛获得过奖励、是否在期刊上发表过论文等都是评价的标

准，这就造成学生获得奖学金的机会与其家庭出身、家庭文化资本、家庭经济资本等也有较为密切的关系。

表 4-12　高校学生获得奖学金机会的 ANOVA 检验

	平方和	df	均方	F	显著性
性别	3.153	1	3.153	14.003	0.770
性格	5.155	3	1.718	7.662	0.388
年级	76.020	3	25.340	137.500	0.017
学校层次	3.586	1	3.586	15.945	0.000
学科	9.757	6	1.626	7.324	0.134
父亲受教育程度	0.412	4	0.103	0.453	0.000
母亲受教育程度	0.938	4	0.235	1.035	0.000
父亲职业	4.555	9	0.506	2.246	0.000
母亲职业	5.383	9	0.598	2.660	0.000
家庭所在地	0.913	2	0.456	2.015	0.005
家庭收入	10.462	4	2.616	11.814	0.000

五、弱困扶助过程不公平

对高校弱困学生进行扶助，保障他们在高等教育过程中获得各种均等的机会，并促进其学业成功，既是高等教育过程公平的本质要求，也是帮助弱困学生改善生存状态，促进社会公平、公正、平等，建设和谐社会的必然要求。对该过程公平问题的考察，我们主要从获得心理援助及获得经济救助两个方面进行。

（一）获得心理援助

根据表 4-13，学生的性别、年级、学科、父母受教育程度、父母职业等因素与学生获得心理援助机会无显著相关（P 值依次为 0.216、0.945、0.013、0.186、0.011、0.531、0.982，$P>0.01$）。其他属性对高校学生获得心理援助的机会有显著的影响（$P<0.01$），即可以认为，学生的学校层次、性格、家庭所在地、家庭收入等都对学生获得心理援助有显著影响。从调查访谈中我们了解到，层次较高的学校大都开

设了心理咨询室，还有的高校专门设置了心理健康课程，对学生的心理问题也比较重视，而层次较低的一般地方院校在这方面的条件相对较差，甚至有的学生不知道本校是否有心理咨询室，有的虽然知道有心理咨询室，但不知何时开放。另外，我们在访谈中也发现，家庭经济状况不佳的学生容易产生诸如自卑、孤僻、偏激等不良心理，性格内向的学生也较容易出现一些不良心理。这就很好地说明了为什么性格、学校层次、家庭收入等因素与获得心理援助机会有显著相关。

表 4-13　高校学生获得心理援助机会的 ANOVA 检验

	平方和	df	均方	F	显著性
性别	0.185	1	0.185	1.531	0.216
性格	1.617	3	0.539	4.498	0.004
年级	3.487	3	1.162	9.785	0.945
学校层次	0.001	1	0.001	0.005	0.000
学科	6.373	6	1.062	9.050	0.013
父亲受教育程度	0.745	4	0.186	1.547	0.186
母亲受教育程度	1.568	4	0.392	3.268	0.011
父亲职业	0.969	9	0.108	0.892	0.531
母亲职业	0.299	9	0.033	0.274	0.982
家庭所在地	1.467	2	0.734	6.120	0.002
家庭收入	1.519	4	0.380	3.165	0.000

（二）获得经济救助

根据表 4-14，学生的性格、学科、父亲受教育程度等因素与学生获得经济救助机会无显著相关（P 值依次为 0.027、0.015、0.167，$P>0.01$）。其他属性对高校学生获得经济救助的机会有显著的影响（$P<0.01$），即可以认为，学生的性别、年级、学校层次、母亲受教育程度、父母职业、家庭所在地、家庭收入等都对学生获得经济救助有显著影响。从调查访谈中我们了解到，层次较高的学校对学生经济方面的救助较多，各种救助的类别较全、金额较大，而层次较低的高校在对经济困难生方面投入的力度不够大。

表 4-14　高校学生获得经济救助机会的 ANOVA 检验

	平方和	df	均方	F	显著性
性别	2.260	1	2.260	9.196	0.002
性格	2.261	3	0.754	3.064	0.027
年级	11.214	3	3.738	15.513	0.000
学校层次	4.339	1	4.339	17.742	0.000
学科	3.885	6	0.647	2.637	0.015
父亲受教育程度	1.597	4	0.399	1.619	0.167
母亲受教育程度	3.633	4	0.908	3.701	0.005
父亲职业	18.515	9	2.057	8.656	0.000
母亲职业	12.930	9	1.437	5.966	0.000
家庭所在地	2.331	2	1.165	4.741	0.009
家庭收入	9.427	4	2.357	9.734	0.000

六、人际交往过程不公平

人际交往不公平，往往使交往的双方难以平等地进行沟通、顺利地表达情感，更难以通过交往解除内心紧张，获得同情和理解，长此以往，可能会造成交往不利的一方形成一些不良的心理和行为反应。因此，必须高度关注高校中学生交往过程中的不公平问题。由于高校学生在日常的学习、生活中主要的交往对象是教师以及同辈群体，为此，我们主要从高校学生的师生交往、同辈群体交往两个方面进行了研究。

（一）师生交往

图 4-8 显示，高校师生交往的机会不多，有占样本总数 16.6%的学生从来没有与老师交往过，45.9%的学生很少与老师交往，27.3%的学生与老师的交往情况一般，8.5%的学生与老师的交往较多，只有 1.7%的学生认为与老师的交往很多。为了探寻更深层次原因，我们对影响师生交往的因素进行了分析。

根据表 4-15，学生的性别、学校层次等因素与学生的师生交往状况

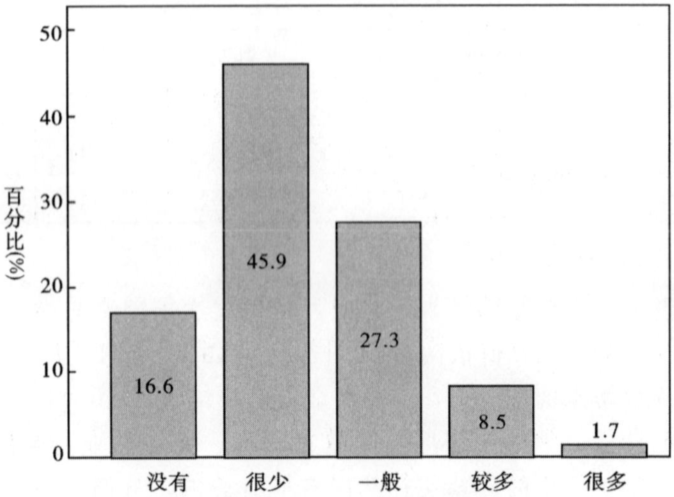

图 4-8　高校师生交往状况

无显著相关（P 值依次为 0.437、0.168，$P>0.01$）。其他属性对高校学生的师生交往状况有显著的影响（$P<0.01$），即可以认为，学生的性格、年级、学科、父母亲受教育程度、父母职业、家庭所在地、家庭收入等都对学生的师生交往状况有显著影响。从调查访谈中我们了解到，性格不同的学生在师生交往的机会上有明显的区别，另外，家庭的氛围、习惯、出身层次等都影响到师生交往的频率和程度。

表 4-15　高校师生交往状况的 ANOVA 检验

	平方和	df	均方	F	显著性
性别	0.498	1	0.498	0.604	0.437
性格	59.316	3	19.772	24.961	0.000
年级	12.300	3	4.100	5.008	0.002
学校层次	1.564	1	1.564	1.898	0.168
学科	29.969	6	4.995	6.166	0.000
父亲受教育程度	76.376	4	19.094	24.388	0.000
母亲受教育程度	65.208	4	16.302	20.656	0.000
父亲职业	101.484	9	11.276	14.626	0.000

续表

	平方和	df	均方	F	显著性
母亲职业	104.293	9	11.588	15.062	0.000
家庭所在地	56.659	2	28.330	35.717	0.000
家庭收入	118.742	4	29.685	39.110	0.000

（二）同辈群体交往

根据表4-16，学生的性别、年级、学校层次等因素与学生的同辈交往状况无显著相关（P值依次为0.517、0.048、0.351，$P>0.01$）。其他属性对高校学生的师生交往状况有显著的影响（$P<0.01$），也可以认为，学生的性格、学科、父母亲受教育程度、父母职业、家庭所在地、家庭收入等都对学生的同辈交往状况有显著影响。从调查访谈中我们获知，高校学生大都倾向于与性格开朗、热情活跃的同学交往；学生的家庭背景也在很大程度上影响到交往的状况，来自城市的学生在人际交往能力上优于来自农村的学生，家庭环境、父母教养方式也影响到高校学生的社交心理，有的家庭阶层较高的学生瞧不起来自低阶层的学生，在交往中有的学生“往钱看”，谁家庭富裕就跟谁交好，等等。这些情况都使得性格不太活跃或家庭背景不好的学生在交往时处于不利地位，造成交往障碍。

表4-16　高校学生同辈交往状况的ANOVA检验

	平方和	df	均方	F	显著性
性别	0.224	1	0.224	0.419	0.517
性格	36.304	3	12.101	23.515	0.000
年级	4.224	3	1.408	2.643	0.048
学校层次	0.466	1	0.466	0.872	0.351
学科	9.605	6	1.601	3.017	0.006
父亲受教育程度	16.973	4	4.243	8.070	0.000
母亲受教育程度	13.380	4	3.345	6.337	0.000
父亲职业	17.703	9	1.967	3.733	0.000

续表

	平方和	df	均方	F	显著性
母亲职业	17.259	9	1.918	3.638	0.000
家庭所在地	13.029	2	6.515	12.351	0.000
家庭收入	35.897	4	8.974	17.420	0.000

第二节　我国高等教育过程不公平的原因

在探讨造成高等教育过程不公平的原因时，有的学者倾向于将学生家庭的社会经济地位视作引起不公平现象的主要原因，而且反映家庭社会经济地位的各种因素（包括学生父母的职业类型、家庭的经济收入、居住条件、物质生活水平以及社会身份地位等）对教育将产生直接的影响，此种观点可称为“直接因素影响论”。

但有一些学者认为，学生家庭的社会经济地位与其受教育的公平程度有着密切但并非必然一致的关系，引起教育不公的最关键的是一些可称之为“中介变量”的因素，此种观点可称为“中介因素影响论”。“中介变量”与学生家庭社会经济地位有关但又不尽相同，有学者把这些因素统称为“家庭的社会文化背景”，包括父母的价值观念、文化程度，父母对子女的期望水平，家庭的气氛与语言类型，教养子女的态度与方式等。

那么探讨高等教育过程不公平的原因时我们该持何种观点呢？不可否认，“直接因素影响论”和“中介因素影响论”都有一定的合理性，在本研究中我们也讨论了学生个人基本属性和家庭基本属性与其在高等教育过程中接受的教育的公平性之间的关系，我们发现，这些属性与学生在校期间的各种过程的公平之间存在着或强或弱的关联程度，但是否可以认为，这就是引起高等教育过程公平问题的根本原因呢？我们认为，学生个人基本属性和家庭基本属性对其接受的高等教育的公平性的相关性并不能本能地被认为是引起不公的原因，理由是学生的个人基本属性和家庭基本属性很难孤立地对其接受高等教育发挥作用，学生的这两种基本属性与各种社会因素、国家政府有关高等教育的政策制度因素以及高校内部诸多因素已经构成了一个关联的整体，这些因素以一个整体的形式对学生接受的高等教育产生作用，并影响到其公平感。本研究探析高等教育过程不公平的症因时也正是在这个基础上进行的。

一、学习过程不公平的原因

（一）学生学习权益难以得到保障

近年来，国家政府为促进高校学生知识学习过程公平做出了不少努力，也取得了一定的成绩，但由于有关学生学习权益的法律制度的缺失，使得学生在接受高等教育的过程中难以享受到充分而又平等的学习权益，这是造成高校学生知识学习过程不公平的根本原因之一。高校学生学习权益难以得到保障，主要体现在如下两个方面。

其一，学生的学习权益难以得到法律保障。当前，学生的学习权还没得到法律的明确保障，只是相关的法律对此略有涉及。如《中华人民共和国宪法》第 46 条第 1 款和第 47 条第 1 款分别规定："中华人民共和国公民有受教育的权利和义务"，"中华人民共和国公民有进行科学研究、文学艺术创作和其他文化活动的自由"。此外，《中华人民共和国教育法》第 42 条对受教育者在学习方面应享有的权利进行了相应的规定，"（一）参加教育教学计划安排的各种活动，使用教育教学设施、设备、图书资料；（二）按照国家有关规定获得奖学金、贷学金、助学金；（三）在学业成绩和品行上获得公正评价，完成规定的学业后获得相应的学业证书、学位证书"。《中华人民共和国高等教育法》涉及高校学生的权益保护也仅仅只有一个原则性的规定，体现在《中华人民共和国高等教育法》第 53 条第 2 款中，"高等学校学生的合法权益，受法律保护"。从立法技术看，法律规范中关于学生学习权益的用语比较空泛，原则性表述多，可操作性不强。比如，何谓公正评价？公正评价能否作为法律用语？受教育者对学校的处分不服应向哪一个部门申诉？而且在现有的教育法律中，有关的规定几乎都是直接指向学生的受教育权的，而对学生的学习自由权方面都没有具体阐述。另有一点我们必须看到，即使是现有的对受教育权方面的规定也都是纲领性的，操作性不强，以致当学生的权益受到侵害时，由于缺乏具体的申诉途径而很难得到有效的救济。这些对促进高等教育过程中学习过程公平设置了法律制度上的障碍，高校学生学习过程公平无法得到法律上的保障。

其二，不同学生难以享受平等的学习权益。不同学生难以享受平等的学习权益是导致高等教育过程学习过程不公平的一个重要原因。在我国现行高校体制中，因宏观教育政策影响而分化出一种“亚结构”，即“985 工程”高校、“211 工程”高校以及其他高校。这种“亚结构”是争取效率的产物，有明显的积极效应。但同时，其中隐含着一种“三六九等”的做法，已经引起了新的不公平。“985 工程”高校、“211 工程”高校、“一、二、三本”等的划分，使得以学术为本的大学却在身份上出现行政级别以及重点大学与非重点大学之分，并在学习资源占有上产生较大差别，造成学习资源在各高校之间配置的失衡。地方本科院校一般都存在教学仪器设备、实验室设备短缺，教室空间拥挤，图书馆藏书陈旧，学校基本公共设施、设备，如公共体育活动设施、公共机房等数量不足等情况，这些都大大影响了学生的正常学习和各种技能的提高，严重侵害了学生的学习权益。而在“985 工程”高校、“211 工程”高校等重点本科院校的学生则可以享受较多的优质学习资源，由于政府尚未制定有效的优质学习资源共享制度，这样就难以满足一般地方院校学生对优质学习资源的渴求，也就无法提高优质学习资源的利用效益，促进学习过程公平。就拿优质课程来说，很多高校院士、一级教授、国家级教学名师以及国家级重点学科的骨干教师所开课程没有实行在全国高校范围内的强制性共享，而这些教师往往大都分布在重点本科院校，他们的精品课程只有本校的学生才能享受得到。又从优秀教师资源来说，由于缺少相应的鼓励教师合理流动的制度，边缘地区、师资力量薄弱的高校缺少“轮流”得到优秀教师的机会。因此，我国现行高校体制难以保证处于不同高校的学生享受到平等的学习权益，这样必定会造成知识学习过程的不公平。

（二）知识学习过程中过于强调一统

高校是高等教育过程的主要场所，但它并不是一个简单的知识传授场所，它实际上是一个繁杂精彩的小社会环境，这其中的学生各具形态、各有特色，他们在知识学习过程中所体现出来的能力各自相异，所表现出来的期望和要求也各不相同，如果在知识学习过程中过分强调一统，这就难以保证每个学生得到适合自己特点的发展，看似公平的做法实质上会形成新的不公平。高校在知识学习过程中过于强调一统主要表现在以下两个方面。

其一，课程设置强调一统。目前，我国高校学生规模不断扩大，学生的个性异彩纷呈，如果高校课程设置过于强调一统，就难以满足学生个性发展的需要，那么势必影响人才的培养质量，最终导致高等教育质量滑坡。如果这种情况不加以关注，大量不合格的大学毕业生将充斥社会，这不仅不能增进高等教育过程公平，相反，可能会成为实现高等教育过程公平的严重障碍。就当前的情况来看，由于高校课程设置强调一统而造成高校学生知识学习过程不公平主要表现有二：第一，课程不能适应学生身心发展的要求。我国高校专业课程一般有四大块：公共基础课、专业基础课、专业方向课以及选修课。一般的高校专业基础课和专业方向课开设多，构成了专业课程体系的主体部分，而这部分课程常常强调整体性、一致性，统一有余、灵活不足。相对而言，最能适合学生自我个性发展的选修课所占的比例很少，这就形成了我国高校课程设置的强调一统、灵活不足的格局。如果学生很难选修到适合自己个性发展的课程，就难以得到合适的发展，也难言高等教育过程的公平。第二，课程内容与学生的生活经验缺乏相关性。课程是一种文化资本形式的教育中介，蕴涵着特定的教育机会，具有教育公平的意义。课程设置应该重视对不同形式和内容的知识有意义的结合和互相补充，即通过不同课程糅合不同学生各方面的差异，在课程中融入他们各自的经验，做到相得益彰。这样，学生对于知识的接受与学习都将是游刃有余的。但从目前我国高校的课程设置来看，课程过度分化，课程内容与学生生活经验的相关性相对缺乏，特别是与农村学生生活经验的相关性更是缺乏。比如，高校课程设置时有较明显的“城市偏向”的价值取向，这深刻地影响到了课程内容的取舍，课程目标大多是依据城市学生的生活习惯、学习作风、生活经验而设置的。它预定了人的发展并且忽视人的个性，较少考虑城乡学生生活经验的复杂性和多元性。另外，课程价值的实现，在很大程度上决定了所有参与者的价值感和自尊感，课程设置不合理导致很多农村学生的自信心和自尊心在不公平的教育待遇中被扼杀。近年来，不少高校已开始瞄准市场变化，根据社会需求调整课程设置，但是，这种社会需求更多也是根据城市的需求，对农村的需求考虑不足。

其二，教学过程强调一统。首先，教学方法缺乏针对性。教师教学方法的选择是否恰当、对学生的要求是否合适也会影响到学生学习过程的公平程度，有现象表明，我国高校中相当一部分教师在教学过程中过分强调一致，其教学方法也缺乏针对性和艺术性，这就在很大程度上降低学生学习的积极性和主动性。一般认为，积极性和主动性是学生学习的最重要的动力，而积极性和主动性在很大程度上来自均等的教育对待。然而，有一点是值得注意的，这种均等的教育对待不是要求教师在教学过程中强调一统，而是要求教师能充分认识学生之间的差距，重视学生个体的特殊性，重视学生的认知基础和个性特征。目前，很多高校教师在指导思想上，以教师为中心，以教材为标准，注意力关注的是学科的内容，而不考虑学生的理解实际；在教学方法上，缺乏针对性和艺术性，教学不考虑学生的差异，忽视学生在需要、兴趣、理解方式上的不同以及自尊、希望、态度、情感方面的各异。诚然，有些教师也关注了学生，意识到了学生的特殊性，但其了解却只停留在表层，比如把学生学业困难解释为大学前教育基础薄弱，把学生的课堂互动性、参与性较低解释为其性格内向之类。其实这些教师忽视的是一个最实质性的问题，那就是学生的理解基础和思维方式。长此以往，由于教学没有建立在学生的现实基础之上，从而导致许多学生在学习过程中出现很多障碍，进而无法获得学习的乐趣和成就，最终丧失了学习的积极性。其次，教学计划缺乏灵活性。一般每个专业的教学计划对本专业的人才培养都作了统一的要求，从一个方面来讲统一要求的教学计划也是有必要的，它既有利于教学管理，也有利于对学生进行比较与考评，但统一的教学计划也有一个致命的弱点，那就是容易忽视学生的个体差异，即容易忽视不同学生在学习状况、心理状况、个人能力、家庭背景等方面的差异。忽视学生差异的教学看似做到了一致，实现了学习上的公平，但实质上也是很难使学生在教育教学中得到合适的发展的，也就是说很难促进学习过程的公平。

二、科研过程不公平的原因

造成学生科研过程不公平既有科研投入的原因，也有科研资源配置的原因，还有科研机制及教师对学生科研指导的原因，我们认为，学生科研不足、科研资源配置失衡是导致科研过程不公平的主要原因。

（一）学生科研资源不足

从国家层面来讲，对本科生科研的资助力度不够。高校学生开展科研活动，资金投入是保障，也是促进学生科研过程公平的最重要的后盾，但由于我国高校学生科研活动起步较晚，目前政府、科研机构、社会各界等支持高校学生进行科研的力度尚显不够，这不仅制约了高校学生科研活动的规模，也使得各个学校在竞争有限的科研资源过程中，造成了不公的情况。

目前我国研究型大学的科研经费来源主要有两种形式：一是教育行政经费划拨的专款，这是本科生科研经费的主要来源。二是校友及海内外学者、基金会等社会资金的资助。但总体上讲，我国本科生科研资金来源单一，经费紧张，大多研究型大学没有建立起专门面向本科生的科研专项资金。

从高校层面讲，学生科研缺乏物质上的保障。目前，普遍存在高校对学生科研活动物质投入不足的现象。学生科研经费主要来源于学校的行政拨款，数目有限，不少实验设备或实验室不能随时开发，供学生使用。物质条件不到位在很大程度上制约了本科生科研活动深入的开展，活动的质量也无法提高。而且大多高校学生科研项目太少，覆盖面不广，造成学生参与科研的机会不多，制约了学生科研公平程度的提高。虽然有许多重点研究型大学设有专项基金，提供机会使本科生能加入教师的研究工作中，也支持学生的自主科研项目，但是相对于本科生的人数来说，活动的覆盖范围还是较小，大多数学生还没有成为本科生科研活动的受益者。还有很多研究型大学把学生科研工作重点放在硕士生、博士生上，对本科生科研不够重视，资金、师资力量投入远不成比例，本科生未能成为研究型大学智力资源优势的真正分享者。

（二）科研资源配置失衡

首先，科研资源在高校之间配置失衡。在对有限的科研资金进行分配时，政府往往首先考虑的是效率而非公平。为了早出人才，多出人才，出好人才，政府在分配学生科研资金时采取了向重点学校倾斜的政策。一般而言，重点大学的学生进行科研的条件要比一般本科院校好，无论是实验室、仪器设备等物质条件还是师资等科研人力资源都要优于一般的学校，导致不同高校之间的竞争在起点上就是不平等的。有的院校因为在师资、生源、经费、仪器设备等方面占有优势，在与其他高校的竞争中抢得先机，处于十分有利的地位，而且这种优势的取得常常不是公平竞争、自然选择的结果，其中掺杂了诸多人为的因素。这样，使高校学生科研资金在分配过程中往往形成了穷者越穷、富者越富的“马太效应”，加剧了不同高校之间的不公平竞争。

其次，科研资源在专业之间配置失衡。由于历史的原因，许多高校不同专业之间的学生在占有的科研资源上存在着明显差异。目前，我国政府对高校学生科研的投入是非常有限的，有的学校为了在激烈的竞争中站稳脚跟，处于不败之地，并提高知名度，办出特色，把政府对学校科研的投入进行两次分配。为了确保特色，学校对不同院系、不同专业的科研投入是不一样的，对重点学科、专业，优势学科、专业投入大，而对其他专业投入相对来说小一些。这就造成了学校对各个专业科研资源的配置不一，直接导致各专业科研仪器设备的购买力及图书资料的购买力不均等，从而出现各专业科研仪器设备总值及图书资料总值的差异，最终形成了不同院系之间的学生占有的科研资源有着明显的差异，参与科研活动的机会极不均等。因此，各专业之间科研条件、科研设施及科研资金的差异性影响着学生科研过程的公平。

三、实践过程不公平的原因

造成高校学生社会实践过程不公平的原因也是多方面的，从政府和社会方面看，有些地方政府部门不重视、不作为，有些企业和事业单位不理解、不支持。虽然有些地方政府鼓励各高校组织大学生参加社会实践，可采取的具体措施却不多，资金投入也非常有限；一些地方企业或事业单位也经常把接收大学生社会实践作为一种负担，不能主动、积极地为高校学生的社会实践活动提供便利条件。上述原因致使高校学生能从国家和社会方面获得的社会实践活动机会的总量远远不够，难以从根本上保证公平的实现。从高校方面看，一些高校对学生社会实践活动的管理不系统、基地建设不稳定、实践机会分配不均等，也使得学生的社会实践过程出现了公平问题。从学生方面看，有的学生对参与社会实践不热情、不主动，没有为自己积极争取机会；有的学生对获得社会实践机会不重视、不珍惜，浪费了来之不易的机会，这对其他没有争取到机会的学生来说，也造成了不公。但总的来看，社会实践机会总量偏少、实习基地建设不稳是造成实践过程不公平的直接原因。

（一）实践机会总量偏少

其一，对高校学生社会实践过程的重视程度不够。政府和社会各界对大学生社会实践活动的了解、认识、重视程度，在某种意义上决定了高校学生社会实践过程的公平情况。虽然社会实践的直接参加者和最大受益者是高校学生，但政府和社会有义务为他们提供进行实践活动的舞台，以便他们在踏入社会后能迅速地融入社会，为创造社会财富而贡献其心智。而现阶段，政府和社会还未能真正认识到开展社会实践活动对高校学生的巨大作用及对社会发展的深远意义，某些政府部门对高校学生社会实践的重视往往停留在口头上或表面上，深入支持的不多；一些地方企业或事业单位也往往从眼前的经济利益出发，把接收大学生社会实践作为一种负担，为大学生的社会实践活动提供支持时不主动、不积极。这些很容易使学生社会实践过程公平流于形式。对高校学生社会实践活动不重视还表现在相应的法律法规的缺失上，目前只有团中央、教育部颁发的《关于进一步加强和改进大学生社会实践的意见》以及中共中央、国务院颁发的《关于进一步加强和改进大学生思想政治教育的意见》等少数规定中涉及高校学生的社会实践活动，但具体措施不够完善，且缺少必要的资金支持和配套措施，在一定程度上挫伤了高校组织开展社会实践活动的积极性。由于高校学生社会实践没能引起政府和社会各界的高度重视，这势必导致各方在为高校学生创造社会实践机会时缺乏必要的热情，最终难以提供足量的实践机会。

其二，对高校学生社会实践活动的投入不足。对高校学生社会实践活动投入不足是与重视程度不高密切相关的。各级政府和社会对于大学生社会实践活动均采取鼓励的态度，然而落到实处的具体措施却不多，投入的资金十分有限，常常是各高校和用人单位分别各自承担学生社会实践的费用，严重地挫伤了各高校和用人单位的积极性，对社会实践活动的投入不足，将直接引起社会实践机会总量偏少。总之，从目前的实际情况看，不论是社会调查、公益活动还是社会实习，政府和社会能够提供给高校学生的实践机会都十分有限。提供社会实践机会的两大主体都表现乏力，从政府方面看，在市场经济条件下，高等教育投资机制的变革使得政府对学生社会实践的资金投入日趋收缩，难以满足广泛开展社会实践活动的实际需求；从企业方面看，随着社会主义市场经济体制的改革和推进，企业都非常注重经济效益的追求，许多企业不愿意接受高校学生前来参加社会实践，也不愿意与高校建立长期而稳定的合作关系，提供给学生社会实践的机会在总量上偏少。

正是由于政府和社会对高校学生社会实践活动重视程度不高，导致实践机会的稀缺性，在这种稀缺性的刺激下，高校学生对实践机会的争夺才会愈演愈烈，致使很多同学不得不利用各种关系以获得参与实践的机会，不同的学生在此方面的差异才会进一步扩大。

（二）实习基地建设不稳

实习基地是良好的实践平台，也是大学生参加社会实践重要场所和阵地，其对于提高学生的综合素质、培养学生的社会实践能力，尤其是特殊社会实践能力具有不可替代的作用。高校实习基地建设是否稳定在很大程度上决定了能否为学生提供足够的实践机会，也决定了学生社会实践过程公平是否能够真正落实。

造成高校学生社会实践过程不公平的直接原因之一就是缺乏稳定的、高质量的实践基地。目前，高校实习基地建设中还存在着许多问题，比如对基地建设的意义认识不清的问题，又比如基地建设职责不清、义务不明的问题。如果这些问题不能够从根本上得到解决，那么高校就会把学生实践基地的建设看成是一件费力花钱不讨好的事，在基地的建设过程中就会敷衍了事、舍不得投入。这样不仅影响到大学生参加社会实践的积极性，也降低了社会实践在思想政治教育中的有效性。

由于学校没有稳定的实践基地，很多学生就难以正常获得在基地实践的机会，以至于不得不动用各种社会关系自行寻找实习单位，社会资本或经济资本雄厚的学生当然不难获得实践的机会，缺乏社会资本或经济资本的学生无疑在这个过程中就处于劣势。

四、评优过程不公平的原因

评优评奖是高校对学生采取激励的一项管理措施，通过评出一部分在学习、工作、生活中作出相当成绩的优秀学生，可以起到既鼓励优秀学生本人，同时又激励其他学生的效果。然而，许多高校的评优评奖过程由于态度不端、程序失范等原因，结果出现诸多不公平的现象。

（一）学生态度不够端正

学生中对待评优评奖的不良态度以及在这种态度的影响下所采取的一些不当行为也深刻地影响了高校评优评奖的公平。主要表现有下面几种情况：其一，利益促使下的暗箱操作。评优评奖往往是与利益联系在一起的，包括获得某种荣誉，得到一定的经济实惠，于是在利益面前有的学生干部利用评优评奖规则中的漏洞，不惜以权谋私，搞暗箱操作，为本人或者朋友谋取利益，这就使得评优评奖的过程失去了公平性。其二，请客送礼。有的学生为了评上优秀，将社会上的一套拉关系、走后门的方法也运用到了评优评奖的过程中。他们平时里请同学吃饭，给班干部乃至班主任送礼搞关系，为的是在综合素质测评中得一个高分，以这样的方式在评优评奖的过程中占据优势。其三，以造假的方式提高得分。现在高校学生通过造假评上优秀的也不在少数，造假的形式多种多样，有的伪造获奖证书以在综合素质上加分，有的通过虚报测评得分的方式在评优的过程中取得优势。其四，为了评优不惜伤害同学感情。有的学生过分看重评优，这样很容易在同学之间形成一种不良的竞争关系。于是在评优时相互揭短、相互争吵的事情时有发生，结果评上了一个优秀却失去了一段最纯真的感情。

（二）评优程序不够规范

部分高校优秀评定流程没能体现公开、公平、公正原则，高校学生应有评优评奖过程的知情权、参与权，但很多时候评优评奖由学校教学部门和学生辅导员操作，学生对相关信息知之甚少。这其中信息不透明成了主要问题，有时候评优信息选择发送，影响其公平、公开性发挥；

有时候信息发布载体单一，时间不尽科学，信息不能够及时地传达给每一个学生。有的教育管理者认为，高校学生评优评奖是学校学生工作中一项重要的事务性工作，具有一定的规律性，学校应该对此有明确的工作流程和宣传口径，在实际中大部分学校也做了统一布置，但具体到各学院部门实际操作时则各有不同的标准，引起了学生的不满情绪。评优的程序中也体现了评优方法的选择，如果评优方法选择不当，也会在很大程度上影响评优过程的公平性。现在许多高校的评优都采用了量化的方法，然而，科学量化指标是非常难的一件事，可以说，评奖评优工作细则制定中最难的是科学量化指标。某个奖项，评定的基本原则是什么，应以哪些具体规定作为评定依据，这些评定依据各自在结果确定中又占多少权重或分值，这些都是需要慎重考虑的问题。站在管理者或教育者的立场，评价角度自然与参评学生或学生团体有差异，那么，如何统筹协调二者意见才能让量化指标标准得到各方认可，这也是一个比较棘手的问题。另外，评优中的各种指标不是都能量化的，譬如，对学生的道德品行如何进行考核，学生的德育成绩在评优的指标体系中占多少权重，等等。总之，学生评优需要科学合理地确定符合实情的考核方法，使评优实现最大程度的公平。

五、扶困过程不公平的原因

目前我国高校弱困扶助工作取得了较大的成绩，有效地促进了高等教育过程公平，但是我国高校弱困扶助过程仍存在许多问题与不足，这些问题与不足影响了弱困扶助的公平性，而政策缺失、资助不力是造成扶困过程不公平的主要外在原因。

（一）弱困扶助的法律法规不完善

在促进高校弱困扶助公平中，政府和社会都应承担必要的职责，但从实际情况看，还存在一些问题。其一，弱困扶助的法律法规不完善。我国的教育法律法规虽对弱困学生平等受教育的权利作出了规定，但这些规定过于刚性，原则性强而操作性差，主要表现是这些规定都比较笼统模糊，缺乏明确的表述，比如，对相应的资助权利和义务、相应的行政法律关系与民事法律关系等都没有明确规定，资助的主体和客体之间的关系没有明确，对受资助者的义务以及资助者的权利的表述比较模糊，行政法律关系与民事法律关系规定不明确，特别是对侵害弱困者受教育权利行为的处罚规定不够明确，导致实际操作过程中的困难。因此，急需制定一些制度来保障弱困者的受教育权，如国家贷款制度、学费减免制度。

（二）对弱困群体的资助力度不够

目前，我国高校中弱困群体的数量日益增加，国家财政对高校弱困群体的资助投入已很难满足现实的需要，同时我国社会性的资助机制很不完善，社会捐助还远远没有形成气候，社会救助的力量远远没有得到充分发挥，对弱困群体的资助力度还远远不够。因此，应建立畅通的社会扶助渠道，制定一些税收优惠政策来吸引更多社会资金投入高等教育中来，并建立相应的公益机构和健全的机制，使这部分资金流向真正需要的地方，促进社会救助良性和公平的发展。同时，还有一个问题也值得我们注意的，那就是对不同地区的弱困群体的资助力度不一，经济发达地区的高校获得的社会资助往往较多，而经济不发达地区的高校获得的社会资助反而少，这样难免也会造成扶困过程的不公平。

六、交往过程不公平的原因

人际交往是否公平对高校学生的个体成长发展有着直接的影响，与其素质的提高、人格的完善有着密切的关系。为此，促进高校学生人际交往公平有着重要的现实意义。具体分析，影响人际交往过程公平的原因，既有来自环境方面的不良影响，也有来自学生自身的性格缺陷。

（一）环境的不良影响

影响高校学生交往过程公平的环境既有大的社会环境，也有中观层面的学校交往环境，还有学生日常生活的班级、寝室环境。

其一，从宏观的社会环境来看。社会上一些人的不良作风和生活态度严重地影响到了大学生的交往观，现在许多大学生在人际交往中往往非常善于学习社会上一些庸俗化的交际观，认为交际就是相互利用，交朋友就要交对自己有用、有帮助的朋友，这种错误的交往观念无疑会对高校学生的交往公平产生影响，来自农村、家庭经济状况不好的学生在交往过程中自然会处于不利地位。

其二，从中观的学校环境来看。提高大学生的人际交往能力，促进高校学生交往过程公平，离不开高校的作用。高等学校应增强责任意识，充分认识人际交往公平对于大学生形成健康心理、优秀品格、卓越能力的重要作用。校园人际交往环境是否平等和谐直接关系到大学生的交往公平与否，对大学生健康人格的形成和发展具有重要的意义。校园人际交往环境不平等，学生就感受不到学校和社会的温暖，感觉不到平等的待遇和人格的尊严，就难以激发奋发学习、努力成长的欲望。

其三，从微观的班级、寝室环境来看。班级和寝室环境在促进交往公平中也有重要的影响力。有的班集体的氛围不平等，不能满足成员公平交往的需求，集体成员相互之间很少有平等的探讨、交流、切磋的机会，这样就难以增强个体的自信心、增进友谊。寝室里的人际关系的问题，因为过于琐细往往得不到注意，而对交往不利的大学生来说，正是这种小群体密切的人际互动关系对他们的心理有着重要的影响。如果这些小群体、小环境里的关系不和谐，就不利于营造一种相互信任、相互尊重的人际交往环境，这对于促进人际交往公平是十分不利的。

（二）自身的性格缺陷

学生自身的性格缺陷往往会形成交往过程的认知偏差和交往技巧的缺乏，这无疑都会影响到交往过程的公平。有些来自城市、家庭经济条件相对优越的学生，看不起来自农村或小乡镇的学生，以为自己比别人高贵，不想搭理他们，或只同极少数身份相近的学生相交，给人的感觉总是高高在上，很难接近。

第五章　我国高等教育过程公平的实践方略

公民能否有机会进入高等教育系统的问题可望随着我国高等教育大众化进程的快速推进而逐步得到解决，我们对高等教育公平的关注应逐步从重视起点公平转向重视高等教育过程公平以及高等教育结果公平。因此，政府和高校更要注重优化高等教育过程、提高高等教育质量、提升高等教育效益。政府以及相关教育管理部门不仅要监督高校的招生规则和招生行为，确保学生在信息正确的情况下自己做出接受高等教育专业的选择，更要关心学生进入大学校门后，在高等教育过程中的公平对待问题。也就是说应关心他们在求学过程中是否得到了“合适”的教育，他们是否公平地分享了高等教育资源等，他们应有的人格和权利是否得到了尊重，他们的学业及其他行为是否得到了公正的评价，他们当中的一些处境不利的群体是否得到了相应的补偿和救济等。本章力图从高等教育过程中各个方面的过程探讨促进我国高等教育过程公平的策略。

诚然，探讨对策也要重视我国的国情，当前我国正处于社会主义初级阶段，在当下的经济、社会发展水平情况下，促进我国高等教育过程公平的理想之路还很漫长、艰辛，构建持续、健康、和谐的高等教育发展过程不仅是高校的责任，也是政府、社会，乃至公民应尽最大努力去实现的积极行为。

第一节　提高知识学习过程公平的程度

高校学生学习过程公平是衡量高等教育过程公平的重要维度之一，政府、高校以及教师应采取各种有力措施，保障学习过程的公平。

一、完善教育法律法规，保障学生学习权益

近些年来，“随着人们学习愿望的日益强烈，随着学习化社会的到来，随着知识经济时代的降临，人们在受教育权问题上又有了一个质的发展：即从受教育权走向学习权”①。早在 1985 年，联合国教科文组织就提出“学习权”（learning rights）这一概念，并认为学习权是人类的一种基本权利。我国有学者提出，“学习权主要指在教学计划的允许范围内学习内容的选择权、学习质量的保障权和学习方式的自由选择权，在相互尊重的前提下对教师所授内容的异议权以及无论学习成绩好差、身体状况强弱的学生在学习上享有平等权，不受人歧视”②。可以看出，相对受教育权，学习权更强调了受教育者在享有受教育权时的主动性、自由性和平等性，这对促进学习过程公平无疑具有重要意义。如前文所言，学者们从法律、学术等角度对学生学习权益进行了诸多界定，这些研究虽然观点各不相同，但为我们理解“学习权益”这一概念无疑提供了重要的参考。

基于大学生学习权益在促进高校学习过程公平的重要性，我们应着力保障学生的学习权益，要更好地保障学生的学习权益，这就需要有完善的法律作支撑，国家和政府应完善与学生权益方面的相关法律，并重视法律的可操作性。目前有两个重要的任务摆在我们面前，一是加强和完善学生学习权益方面的法律，二是加大保障学习权益的执法力度。

随着依法治教进程的加快，我国的教育法律法规体系也逐步得到完善。目前主干教育法律虽然大致齐备，但随着教育事业的进一步发展与教育体制改革的逐步深化，为顺应教育的发展和学生学习的需求，已有的教育法律法规需要仔细审核，有的应按法定程序及时作出必要的修改。学习权益作为一项教育法学理论已经被国际普遍推崇，不少国家和地区也开始在法律层面对学习权加以规定，这方面走在前列的是日本和中国台湾。基于我国大陆的国情，借鉴台湾地区等方面的经验，有学者

---

① 劳凯声．变革社会中的教育权与受教育权：教育法学基本问题研究［M］．北京：教育科学出版社，2003：232.

② 王兴杰，应四爱，黄新敏．学生权益：高校工作面临的新课题［J］．高教与经济，2001（2）：15-17；5.

提出，建议立法机关在适当的时候，对教育法作必要的修改，增加以下内容：教育法的目的在于保障公民的学习及受教育的权利；教育应尊重学习者的人格尊严并促进个性发展；在承认和保护个体学习权的前提下，通过设立、配置或调整教育者和学习者之间的权利义务关系来谋求教育的有序发展①。除了完善已有的教育法律，还应积极起草出台学校法、考试法等与学生权利相关的法律，保障学生的基本权利。此外，我们还认为既然有教师法，那么是否也考虑有必要制定相应的学生法，这样更有利于明确学生的权利和义务及责任，保障学生权益。地方也可在国家教育法律的允许之下，制定相应的切实可行的学生学习权益保障方面的法规，做到因地制宜、有章可循。

法律法规重在执行，政府和有关教育主管部门应加大保障学生学习权益的执法力度，从而更好地促进学校自主实施教育教学活动，维护教育教学秩序，保护学生的合法权益。

二、根据特点设置课程，针对差异选择教法

（一）加大课程改革力度，根据特点设置课程

课程是高等教育质量的重要保障，课程结构以及课程内容，在一定程度上反映出设计者赋予学生内在的教育机会和发展机会，这种机会是潜在的、深层次的。英国教育哲学家伯恩斯坦曾指出："一个社会如何选择、分类、分配、传递和评价它公认的教育知识，既反映社会权利的分配，又反映了社会控制的原则。"② 课程内容具体涉及什么，体现的是内在的、实质的教育公平问题，这种教育公平是学生的平等权利和平等地位在课程中的体现。

当前我国高校在课程设置上存在的主要问题，一是在模式上单一僵化、缺乏适应性，二是在内容上忽视学生的生活与经验。当今世界，科技水平迅速提高，学科知识急剧增长，社会对人才的创新能力、学习能力和综合素质等方面提出了更高的要求，然而，我国高校传统的课程结构在应对这种要求时反映却很不灵敏，因此，"针对我国长期以来实行

---

① 陈恩伦．论学习权［D］．重庆：西南师范大学，2003：109．

② Trow M. From mass higher education to universal access: the American advantage [J]. Minerva, 1999 (4): 303-328.

的单一专业教育模式以及由此形成的课程僵化、缺乏适应性的问题，改革单一的课程结构，实行多样化的、具有弹性的课程结构，建立以弹性和综合性为特征、多种课程形态相结合的课程结构势在必行”①。另外，学生在每天的个人生活中都会获得相应的生活经验，然而，由于内在因素和外部环境的影响，每个人所获得的经验会显著不同，这就要求我们的教育应从每个学生个体的亲身感受出发，使个人经验得以与教育相融合。表现在高校课程设置方面，就应该把学生的生活经验与高等教育的课程内容相整合。这不仅为高等教育过程公平的研究开拓了另一个新的视野，也是时代对高等教育过程公平的呼唤。

为促进高等教育过程中学习过程公平，当前高校课程设置要考虑两个问题：第一，要考虑进行多样化的改革；第二，要考虑学生经验与课程的融合。

（二）针对差异选择教法，促进课堂教学公平

课堂教学活动是高校学生进行学习最主要的方式，课堂教学的公平程度直接决定了学生学习过程的公平程度，高校教师应选取合理的教育教学方式，力求课堂教学公平。一般认为，教学公平是教育过程公平的一个微观领域，也是实现教育过程公平的重要途径，更是对西方教育机会均等的超越。教学公平主要包括三个层面的含义：一是平等，即每个学生的受教育权平等，主要指每一个学生在课堂教学过程中都能得到均等的对待和均等的学业成功机会，要求师生之间的人格平等，享用的教学资源平等。二是差异，即在确保所有学生基本发展的前提下，使每一个学生都能够得到适合自身天赋条件的教育，包括教学内容、教学方法，以及教学组织形式等要素，不仅在机会上，而且在结果上使处于不利地位的学生获得最大的利益。三是调节，教学公平首先在于它强调尊重每个学生的平等权利，使每个学生得到公平的对待，从而促成学生的全面发展；同时在于它又尊重学生的个体差异，使每一个学生都能够受到适合自己的个性化教育，从而促进学生的多样性发展。

实现课堂教学公平，有赖于教育教学方式的合理选取，这里所指的

① 蔡先金，宋尚桂，等．大学学分制的理论与实践［M］．青岛：中国海洋大学出版社，2006：139.

合理的教育方式也即公平的方式，教育教学方法上的公平包括两个方面：一是教师在教育教学过程中是否给家庭背景、智力水平、教养程度不同的学生以平等的待遇，包括教师对学生的态度、期望以及教师给予学生的学习机会是否平等；二是指教师在教学过程中是否以不同的方式、方法对不同文化背景、个性特征、性别特征的学生进行教学与指导。

第二节　创新科学研究过程公平的思路

学生科研活动是高等教育过程中的一个重要组成部分，在学生的知识获取过程中，专业能力是摆在首位的，而专业能力是靠课堂教学与科研实践来共同培养形成的，因此，科研活动在高校的教育教学过程中具有举足轻重的地位，基于此，高校学生科研过程公平是衡量高等教育过程公平的重要指标之一。由于学生科研活动在我国高校开展时间还不是很长，对大学生参加科研活动的认识还处于不很自觉的状态，积累的经验尚不多，高校学生科研活动中还存在诸多公平问题，我们应立足实情，积极探索促进高校学生科研过程公平的有效对策。

一、加大学生科研投入，拓宽学生科研项目

（一）加大学生科研投入，保障物质基础公平

高校学生进行科研需要一定的场所、设备和经费，给学生提供必要的物质支持，这是进行科研活动不可或缺的条件。只有具备一定的物质保障才能充分调动学生参与科研活动的积极性，也才能顺利开展学生科研活动。如果政府和社会多方筹集科研资金，为学生提供物质上的平台，这样就可以让更多的学生有平等的参与科研的机会，以确保高校学生科研过程在更公平的情况下开展。不可否认，科研经费问题是每个高等学校学生科研中所面临的重要问题，经费与物质的缺乏已成为制约高校学生科研发展的瓶颈，也成了影响学生科研公平的重要因素。当前，政府对高校学生科研的投入有限将直接影响到学生在高等教育科研过程中享有的科研资源的数量和质量，是制约高校学生科研过程公平开展的基础性因素，因此，为了使分布在不同层次高校的学生拥有平等地享有同等优质科研资源

的机会，缩小阶层差距，维护高校学生科研过程公平，政府增加对学生科研的投入，拓宽学生科研投资渠道，应该是有效的解决途径。

保证高校学生科研过程公平的开展需要人、财、物三方面的保障为前提，只有充分挖掘各方面的资源，积极搭建大学生科研活动的平台，大学生科研才能公平而顺利地进行。在加大对高校学生科研的投入、促进高校学生科研过程公平的问题上，政府要充分发挥政策引导、宏观管理和经费投入主渠道的作用，充分利用法律、行政和经济手段推进学生科研过程的公平。虽然政府的行政拨款是学生科研经费的主要来源，但在高等教育经费相对紧张的情况下，单纯依靠行政拨款是不够的。因此，政府除了要从办学经费中拿出专项资金推动学生科研活动外，还可以鼓励高校向外拓展，与校外公司和科研院所合作研究项目，利用他们的实验室和资金优势，达到双赢。事实上，寻求社会和企业的帮助是最有效的拓宽学生科研资金来源的途径之一，高校应通过各种途径寻求社会各界的广泛支持和合作。

（二）拓宽学生科研项目，保障参与机会公平

拓宽学生科研创新项目总量不仅能够使更多的学生得到锻炼和实践的机会，还可以保证高校切实开展好学生科研活动，使之更加科学化、规范化、公平化。因此，高校应积极采取措施，不断拓宽学生科研项目，保障学生公平参与科研活动的机会。

由于层次不同的高校在科研资源、科研氛围以及学生素质等方面很不一致，在拓宽学生科研项目的问题上应根据各校实际情况而定。相对而言，重点本科院校的科研资源丰富，教师的科研项目多，学生的科研素质相对要好，因此，拓宽学生科研项目就比较容易，学生参与科研的机会更多，学生科研过程的公平性也更强。对于一般本科院校特别是地方本科院校来说，通过拓宽科研项目保证学生科研过程公平就是一个难度较大的问题。

一般来说，拓宽学生科研项目也要根据学生的科研素质而采取不同的形式，比如针对科研素质较高的学生可以采取以下几种形式：一是鼓励学生参与教师科研课题。目前有的高校教师承担的科研项目总量已经达到一定程度，学生参加到教师的科研课题中，一方面可以深入社会实践的第一线，锻炼实际操作能力；另一方面也可以解决学生科研项目经

费有限这一难题。二是鼓励学生参与校级以上学生科研项目。组织研究团队帮助学生申报自己感兴趣的研究课题，并为学生完成研究项目给予指导和支持。三是鼓励学生参与省级以上科技竞赛。学生参加各种校外的科研方面的科技竞赛，既可以提高学校和学生的科研水平，同时又增加了学生参与科研的机会。

其实，不管什么样层次的高校，学生参与科研活动的机会都不是很多，要保障学生科研过程的公平都有较大的难度，但是通过拓宽学生科研项目，可以大大增加参与科研过程的学生人数和参与科研过程的学生比例，有效地保障学生参与科研活动机会的公平性，从而为社会经济的发展提供所需的创新型人才。

二、合理配置科研资源，促进科研资源平衡

高等教育科研资源是教育资源的下位概念，是指能使高等教育科研活动得以存在和发展的各类物质和精神资料，包括有形资源和无形资源。有形资源如：教室、各种科研活动场所、图书馆、实验室以及科研资料设备、一定数量的教师、科研经费等；无形资源如：科研氛围、教师的科研能力、优秀的科研管理体制等。一般的，高等教育科研资源可以区分为广义和狭义两种，广义的高等教育科研资源是指与高等教育过程中科研活动密切相关的所有人、财、物、信息等有形资源和无形资源的总和；狭义的高等教育科研资源仅指用于高校学生科研活动的场所、图书资料、实验设备、科研经费、科研人才等有形资源。对有限的资源进行配置是永恒的规律，是人类社会经济发展的共有的一般规律。马克思是从资源的稀缺性和基于分工和专业化基础上的社会生产两个角度来论述资源配置。科研资源配置是基于科研资源的稀缺性的存在而产生的一种调节手段。从本质上讲，高等教育科研资源是高等教育资源的一个重要组成部分，高等教育科研资源与高等教育资源一样是稀缺的，因而也存在资源配置问题。高等教育科研资源配置的最终目的在于通过科研资源的有效利用提高其作为一种稀缺资源的增量，以缓解高校学生的需求与科研资源短缺之间的矛盾。

合理配置科研资源包含两层意思，一是在校际之间合理配置科研资源，促进高校之间科研资源的基本平衡。高等教育过程中学生科研过程

公平主要应体现在按人才培养规格的要求，学生利用高等教育科研资源的机会均等，学生得到的参与科研活动的机会均等，特别是在科研活动中能平等地提供个性发展所需要的各种教育服务。然而，由于历史、现实等诸多因素的影响，国家重点大学与地方院校、地方重点院校与一般院校、经济发达地区高校与经济落后地区高校能够给学生提供的科研资源存在着明显差别，因此要合理优化配置高等教育科研资源才是维护科研过程公平的应有之道。

在具体配置科研资源的过程中，首先，要平等对待各校，合理分配高等教育资源，改变以往资源过于集中投向发达地区、重点高校的局面，在高等教育内部要有合理的比例，进行高等教育科研资源重组，创造一个良性的竞争环境氛围，实现科研资源均衡化。其次，在科研资源分配制度上必须实行积极的差别化倾斜政策，科研资源的增量部分应向薄弱地区倾斜，加大对落后地区高校的科研资源的投入，改变落后地区高校学生的科研环境、教学条件、师资力量，增加其参与各种科研活动的机会，以实现不同区域间、不同等级高校间学生科研资源的均衡发展。最后，在配置科研资源的时候应取消效益优先的人为做法，按实际的学生比例进行资源分配，每个学生在科研资源上的差异不能与本地区的富裕程度相关。这是实现高等教育过程中学生科研过程公平的政策初衷和路径选择。

合理配置科研资源的另一层意思是，高校在对国家投入的科研资源进行第二次分配的时候，努力做到专业之间的平衡。高校在对有限的科研资源进行再分配时，应改变以往首先考虑的效率而非公平的观点。高校不能为了达到品牌效应而采取牺牲公平的做法，“早出人才，多出人才，出好人才”的想法是好的，但为了提高学校的知名度，有时甚至是为了少数人的利益而置公平正义于不顾，这种牺牲大多数人的利益的做法最终将会得不偿失。因此，高校对政府的科研投入进行再次分配的时候，在对重点学科、专业以及优势学科、专业有所偏重的同时，也应关照其他学科和专业，努力促成各个院系、各个专业科研资源的基本平衡。

总而言之，高等教育科研资源有效、合理的配置，有利于促进高等教育中科研过程公平的实现。当然，由于客观存在的社会分层和社会差异，区域之间、校际之间、院系之间、专业之间、个人之间在享受高等教育科研资源的时候差距会长期存在，我们只能把科研资源的差距控制在社会和公众所能承受的范围之内，并尽最大努力不断缩小差距，做到科研资源分配中的相对均衡。

第三节　改善社会实践过程公平的方法

社会实践活动可以说是学生的第二课堂，是引导高校学生走出校门，将所学专业知识与社会实践相结合的有效手段，是提高高校学生综合素质的重要举措和不可缺少的环节，高校学生在社会实践中所获得的各种能力更是他们将来在竞争激烈的劳动力市场获胜的筹码。高校学生的社会实践活动涉及政府、用人单位、高校、大学生等诸多方面，是一个复杂的系统工程，促进社会实践过程公平也需要发挥这些方面的整体功能，只有构建一个“四位一体”的操作系统，才能有效地促进大学生社会实践过程公平。

一、提高社会重视程度，增加实践机会总量

（一）提高重视程度促公平

实现高校学生社会实践过程公平，提高重视程度是基本。没有提高重视程度，就没有政府部门对高校学生实践活动相应资金的投入；没有提高重视程度，就没有社会各界特别是企业和事业单位对高校学生社会实践活动的理解和支持。也就是说，如果不提高重视程度，就不可能增加大学生社会实践活动机会的总量，就无法从根本上保证实践活动实现公平。现在每年各级政府均鼓励各大专院校组织大学生参加社会实践，可是付诸实施的具体措施却不多，投入的资金也十分有限，常常是各高校和社会实践用人单位分别承担相关费用，严重地挫伤了各高校和用人单位接受高校学生社会实践的积极性。这实际上是各级政府部门的个别领导对这项工作未能引起高度重视，未能看到高校学生参与社会实践对提高社会劳动生产率、发展社会经济的重大作用。因此，各级政府部门和社会首先应提高对高校学生参与社会实践的重视程度，这是促进学生

社会实践公平的前提。在提高重视程度的基础上，相关政府部门应出台鼓励广大学生参与社会实践的优惠政策和规范社会实践活动的法律法规，使大学生们在社会实践中碰到类似自主创业、法律保障等问题时有法可依。社会企业也要转变思想，更新观念，要充分认识到大学生参加社会实习对社会的重要性和现实意义。不可否认，社会实践的直接参加者和最大受益者是大学生，但当他们在进入社会后，在社会实践过程中所获得的能力和知识能够为社会创造财富，如果社会能为高校学生创造良好的社会实践环境，这样就可以构成一个良性的社会与大学生互动机制，使大学生和社会都获益，实现双赢。对企业来说，为大学生提供实习岗位，不仅能够为企业注入新鲜血液，带来新的活力，还能够为企业树立良好社会形象，培养一批储备干部。

（二）增加机会总量保公平

光有认识是不够的，政府和社会应采取切实可行的措施，增加高校学生社会实践机会的供应量。增加社会实践机会涉及的核心问题还是资金的问题，开展好社会实践活动需要有充足的资金支持。因此，要解决高校学生社会实践过程公平问题的关键，还是要发挥政府在社会实践活动投资中的主渠道作用，加大对高校培养经费的投入。只有这样，才能使高校以经济为依托的“双师型”教师队伍培养、实验实习基地建设、社会实践、与用人单位合作培养等活动顺利开展，为大学生社会实践能力的培养提供保障。虽然目前高校学生社会实践资金的来源主要是政府的财政拨款，但限于国家财力有限，单靠政府的财政拨款并不能满足广大高校学生社会实践的需求，政府对高等教育经费投入总量虽说有了大幅度的增加，但由于高校数量的增多、在校生规模的扩大、物价的上涨，具体到各个高校来讲，经费短缺的状况仍然比较严重，因而导致高校在培养活动中普遍存在经费不足，无法满足高校学生社会实践活动基本需求的现象。政府应积极促进高校与社会的交流合作，争取社会、企业资金支持，高校要主动加强与企业特别是驻地大型企业的联系，以校企合作为突破点，争取企业、社会对大学生社会实践活动的资金投入。从总体上讲，社会力量是潜力巨大的投资主体，政府部门应该鼓励和支持企业、个人等社会力量参与高校学生社会实践投入的积极性，从而使高校学生社会实践的机会得以增加，使更多高校学生的社会实践需求得以满足，为促进高校学生社会实践过程公平提供有力的经济保障和支持。

二、完善实践活动体系，加快实践基地建设

对于高校来说，社会实践活动是一项涉及面广，对学生成才又有着重要意义的活动，这就要求高校对这一过程的公平性要倍加重视，为了保障社会实践过程的公平性，高校应加强领导，充分依靠党政支持和共青团与各方面的密切配合来有效开展。只有各方面默契配合，形成合力，社会实践活动才能深入而公平的全面开展。因此，高校应设置专门的社会实践领导机构，或者在教务处设立专门的职能部门，以便整体引导和规范，探索出一套符合本校实际情况的社会实践活动方案，促进社会实践过程公平、健康的发展。

（一）实现社会实践过程的有序化和制度化

高校学生社会实践过程的有序化和制度化是促进公平的有效保障。所谓有序化，是指社会实践活动的组织要有规范的程序，各项活动的开展要做到有条不紊。所谓制度化，就是指“要通过研究高校社会实践活动的规律，结合实践活动发展的需要，认真制定出有关的权威性制度并使之不断趋于完善”①。高校社会实践活动是一个系统工程，包括活动的组织机构、内容、程序及实施、总结等。要想真正达到社会实践活动的公平目的，就必须使社会实践活动正规化、有序化、制度化。一般来说，首先，各高校要成立专门的社会实践领导小组，实现对社会实践活动的有效领导；其次，还要建立各种模式的社会实践活动基地，做到资源共享、互赢互利；再次，社会实践活动的组织程序也应越来越规范，具体可分为准备、实施、总结交流、评比表彰等阶段；最后，还应建立并完善相应的管理制度，实现社会实践活动的有章可循，有规可依。大学生社会实践活动的有序化和制度化，可以为大学生社会实践活动公平地开展提供系统保障。

---

① 王小云，王辉．大学生社会实践概论［M］．北京：中国经济出版社，2005：299．

（二）促成实践活动体系的全体化和层次化

高校应逐步探索建立面向全体学生、分层次、分内容的社会实践活动体系，加强学生社会实践的课程化设计。面向全体学生、分层次、分内容的社会实践活动体系，在理想上是对公平的追求，在现实中则是对社会实践机会公平的维护，其本质是对公平的体现。面向全体学生，即要求高校在进行社会实践活动设计时应该充分考虑到全体学生的共同需求，并以此为出发点进行规划与设计，它尊重了每个人都应享受的平等的受教育权利，体现出了教育公平的原则；分层次则要求高校应根据不同层次学生的实际情况，设计不同的社会实践内容，使学生社会实践更加贴近学生的实际需求和接受能力，它体现了因人而异、以人为本的原则，切合了高等教育过程公平给每个人以“合适”的教育的内在要求；分内容的社会实践活动则体现了社会实践活动的多样性原则，这样，学生在参与社会实践活动的过程中就可以做到有目的、有重点、有选择地参加，从而关照了高校学生个性特长的发展。

（三）重视实践基地建设的合作化和长效化

随着现代社会的不断发展，对学生素质的要求不断提高，社会实践基地成为全面实施素质教育，培养学生创新意识和社会实践能力的一个重要环节，也是促进学生社会实践过程公平的物质保障，各高校应高度重视学生社会实践基地的建设与发展，并将其纳入学校学科建设和总体发展规划之中。高校实践基地建设应重视与社会的合作，并重视其长期效应，以高效、持久地促进社会实践过程公平。

在学生实践基地建设过程中，除了强调合作外，还要注意基地建设的长效性，应逐年加大经费投入，不断完善社会实践基地，并以实践基地为依托，以培养学生的社会实践能力特别是特殊社会实践能力为目的，定期组织教师和学生在实践基地开展实习及各项培训和研究活动。这样既有利于让学生了解社会环境，检验自己专业知识掌握的程度，培养自己的社会实践能力，也有利于稳步促进高校学生社会实践过程的公平。

第四节　优化评优评奖过程公平的路径

评优评奖是高校教育教学中非常重要的一环，在学生中评选出各项优秀、使能力突出者成为学生干部等，这些都是高校对学生采取的一些激励措施，旨在通过这一管理手段，肯赏部分在学习、工作、生活中做出成绩的优秀学生，从而树立各类学生典型，以达到鼓励优秀学生本人，同时激励广大其他学生的效果。在高校各种学生的评优评奖过程中，往往能够选拔出学习、工作、生活表现突出，积极奋发向上，在学生群体中享有一定声誉的优秀分子，评优评奖过程也的确在高校学生管理中起到了有效的激励作用。然而，由于诸多原因，高校学生评优评奖过程存在不公的现象却是客观的事实。评优评奖不公导致许多学生心理受挫，使得评优评奖不能发挥出理想的激励效应，体现正能量的评优评奖已被蒙上了一层阴影。当下迫切需要采取相应措施，尽量减少评优过程中的不公现象，促进高等教育过程公平的进一步实现。

一、选择合理评价方法，规范评优评奖程序

（一）以科学的评价方法促公平

在评价方法上，一般研究者将评价归纳为定性和定量两大类。就目前的学生评优体系而言，在这两类评价中，高校多采用定量评价的方法。“定量评价具有易操作、结果具有可比性等优点”① 而越来越受到高校管理者的青睐。在整个评优过程中，就是将所收集到的各种数据进行统计学意义的加工，然后求解得出结果。然而，我们必须明确的是：量化并不等于科学，科学与否在于学生评优系统能否反映学生的本质特征，能否促进学生的学习、生活等向正方向发展，也就是说，应该具备良好的信度和效度。如果仅用量化的指标来对一个学生作出评价，往往会忽视一些学生的人生理念、价值观等方面的人文因素，这就很可能造成对学生的评价不全面、不准确。而且单纯的量化评价还会在一定程度

① 谢安邦．中国高等教育研究新进展·2002［M］．上海：华东师范大学出版社，2003：10．

上使学生受到定量评价指标的影响，造成学生为了角逐奖学金、获得荣誉而学习，对班级、社团以及其他公益性活动不闻不问。这样看来，单靠量化评选出来的“优秀”很可能并不优秀，这就势必造成评优过程中的不公平，因此，我们在选择评优方法时一定要注意定量评价与定性评价相结合。为此，在具体的评选评定过程中我们要加强定性评价与定量评价的有机结合，以最大限度地保证评优评奖过程的公平性。

（二）以规范的评优程序促公平

公平理论认为，寻求公平是人们普遍存在的社会心理倾向，人们除关心所获得报酬的绝对值外，更关注与他人相比、与自己的投入相比所获得报酬的相对值，并对公平与否进行判断，进而产生“公平感”或“被剥夺感”①。这将会对个体的后继行为产生很大的影响，对学生而言就表现为“继续努力”或“放弃努力”，甚至是“拒绝努力”。那么，怎样才能做到评优评奖过程中的公平呢？评优的程序规范是保障，期望理论的后期研究认为，“程序公平更能影响员工的组织承诺，增强组织承诺和对上司的信任”，因此在评定过程中一定要做到程序规范，过程公开，避免个别教师、学生干部说了算的现象。

二、端正评优评奖态度，加强评优过程监督

（一）以端正的评选态度促公平

在评优评奖过程中，由于受社会不良风气的影响，有一部分同学养成了对待评优的不正确的态度，试图通过一些不正当的手段获得奖励或荣誉称号，这种对待评优的心态从当下来说不利于形成公平的竞争环境，不利于评优评奖过程公平的实现；从长远来看，不利于学生形成正确的价值观和人生观。只有用正确的态度对待评优，才能使公平真正实现。从现实情况看，学生当中有以下几种观念应予以及时纠正的：其一，以权谋私的观念。高校奖学金评定中，每个班级都有评定小组，班干部在其中占很大比例，甚至有的全由班干部组成。有些学生干部难免

① 鲁晓华. 资助与激励：浅谈高校贫困生工作［J］. 西南民族学院学报（哲学社会科学版），2002（9）：244-246.

会出现以权谋私的想法，从而使评优评奖失去公平，对学生干部中的这种想法应注意及时纠正。其二，拉关系、走后门的观念。虽然评定奖学金的规则很细，但仍有人以各种手段，比如请客吃饭、和学生干部甚至辅导员搞好关系等为自己谋取私利。这也是应注意及时纠正的错误观念。其三，靠造假评优的观念。由于奖助学金的评选规则不再是仅仅考虑学生的文化成绩，而是以综合测评的高低作为评选准则，这就为一些学生造假创造了条件。有些同学便想通过这种手段获得利益，这也是评优评奖过程中不正确的态度。其四，靠不良竞争获得优势。如果是良性竞争，同学之间互相合作、一起进步，对获得者心服口服，同时鼓励自己继续努力，也不会带来同学之间的关系问题。可是在评优评奖背后利益的诱惑下，形成竞争关系的同学之间相互揭短、争执，从而形成互不交流、互不合作的封闭式恶性竞争，这不仅不利于学生健全人格的培养，也不利于促进评优评奖过程的公平。

（二）以严格的监督教育促公平

对评优评奖过程一是要有严格的监督。评优评奖的结果要公示，接受广大师生的监督，并及时纠正选拔过程中出现的问题。首先，评优评奖小组要为反映情况的学生提供畅通的监督渠道；其次，学校和院系应建立起双重监督的体系，并使该体系处于正常、高效的运作状态，及时回复同学们所反映的意见；最后，从严从快处理有违规行为的学生的评优资格或结果，评优评奖小组对那些有诸如违反校纪校规、弄虚作假等行为的参评人员应展开调查，一经查实，取消其参评资格，如已获得优秀的奖励，应取消其优秀的称号或荣誉。

二是要有教育相辅助。针对不同的学生类型展开相应的教育，对一些由于害怕别人说“出风头”等原因不主动申请评优的学生，学校、院系负责资助的老师和班级评定小组成员及党员同志要及时发现并给予帮助，引导其走出心理误区；对那些嘲笑评上优秀者的人，要引导他们树立正确的态度；对那些在评优中处于劣势的学生，引导他们树立积极的人生观。

第五节　增强弱困扶助过程公平的实效

从社会的角度来定位弱困，“一般是指那些依靠自身的力量或能力无法保持个人及其家庭成员最基本的生活水准，需要国家和社会给予支持和帮助的社会群体”①。从受教育者自身状态来定位弱困，主要是指那些由于生理、心理、经济或其他客观原因而在享有和行使受教育权时处于不利境地，因而需要特别保护的人群，主要包括女性、残疾人、非城市人口、家庭经济困难者、有心理问题难以正常接受教育者及少数民族受教育者等。加大对高校弱困群体的扶助，是解决高校弱困公平问题的关键，也是实现高等教育过程公平的重要途径之一。我们应充分认识到解决高校弱困扶助过程公平问题的重要性和紧迫性，充分调动各方面的积极性，最大限度地发挥各方力量，共建促进高校弱困扶助过程公平的运行机制。

一、健全扶困法律政策，强化政策导向作用

（一）加快救助立法，为弱困扶助公平提供法律保障

《国家中长期教育改革和发展规划纲要（2010—2020年）》指出：“教育公平的主要责任在政府，全社会要共同促进教育公平。”受教育权是我国公民的一项基本人权，在众多国家或政府从事的事务中，保障公民的受教育权是最有必要的一项。“只有通过国家和政府提供可靠的组织、财力、物力、人力和法律保障，公民的教育权利才有可能得以真正实现。因此，公民教育权利必须交由国家和政府来保障。”② 作为公民教育权利的代言人和教育规则的制定者、维护者，政府应该加强立法，建立一个兼具公平性和长久性的大学生弱困扶助支持系统。当然，促进高校学生弱困扶助公平，帮助高校弱困学生走出困境，健康成长，社会也需负担

① 郑杭生，李迎生．全面建设小康社会与弱势群体的社会救助［J］．中国人民大学学报，2003（1）：2-8.

② 傅松涛，阎效鹏．保障公民的教育权利是现代政府的基本职能［J］．河北师范大学学报（教育科学版），2002（4）：68-71.

起应有的责任，来自社会的扶助不仅丰富了高校弱困扶助体系，使得弱困学生多了一张保障网，而且也是促进扶助过程公平的一个必要保障。

对高校弱困学生进行扶助是帮助他们上学并顺利完成学业所采取的一项重要措施，也是我国高等教育改革与发展的必然结果。公平是高校学生扶助过程中的内在要求，加强弱困扶助立法是保障这个过程实现公平的有效手段。为保障公平，在实施高校弱困扶助的每一个环节或者过程，都需要用法律来规范和制约。弱困扶助立法不仅能为弱势学生扶助体系的公平性提供依据和保障，而且也是国家意志在扶助事业中的体现。国家不仅是教育权利的分配主体，而且同时也是权利的保障主体，因此，当弱困或弱势阶层的受教育权利受到侵害时，国家应有相应的法律或制度保障他们的利益。目前，虽然国家、地方政府和高校都制定了一些有关高校弱困扶助的文件、规章制度来规范对弱困大学生的扶助，以保障其公平性，然而，还没有以法律的形式对高校学生弱困扶助进行规范，致使出现了违反大学生弱困扶助规定的事件后却没有相应的法律法规来进行处理。加强弱困学生扶助的法制化能使高校弱困扶助有法可依，保证了扶助过程的合法性、公正性，从而有利于建立一个有序、有效、公平的高校弱困群体扶助体系。弱困学生扶助立法，具体而言就是对高校学生弱困扶助的内涵、主体、范围、原则、方式、程序、法律责任等做出科学界定和权威性的规范，给出行为标准和工作规则等①。也就是说，对相应的资助权利和义务要规范，相应的行政法律关系与民事法律关系要理顺，资助的主体和客体之间的关系要明确，对受资助者的义务以及资助者的权利的表述要清晰。高校学生弱困扶助工作是一项非常重要的系统工程，具有长期性、复杂性和艰巨性的特点，要保证这项工作顺利而公平地实施必须依靠国家法律的强制性。

（二）完善扶助政策，加强政策在扶助中的导向作用

只有具备完善的扶助政策，才能加强各种政策在促进扶助公平中的导向作用。对高校弱困学生的补偿是衡量高等教育公平的重要尺度之一，应建立对社会低收入家庭、少数民族、妇女和儿童、残疾人、农村

---

① 崔晴．大学生弱势群体救助研究［D］．长沙：湖南大学，2006：27.

和边远地区人口的扶助政策。美籍加拿大学者戴维·伊斯顿认为，“任何政策与法律在本质上，都是对社会的价值作有权威的分配”①。改革开放以来，我国在政治、经济、文化、社会等方面取得的成绩是举世瞩目的，但是目前我国的两极分化也是非常严重的，社会贫富差距在不断拉大，弱困问题也已成为社会关注的焦点。政府不仅在教育政策的具体制定过程中要反映和具备弱势补偿的理念，更要在社会实践效果中去验证是否实现最大多数人的最大可能的教育公平。从目前的情况看，我国已经制定了一些高校学生弱困扶助政策，比如在解决高校贫困生的问题方面，国家已经制定和采取的政策和措施有：奖学金制度、学生贷款制度、勤工助学制度、特殊困难补助、学费减免制度、“绿色通道”制度等。另外，教育部和财政部于1999年发出通知，要求各高校每年必须从本校所收学费中提取10%的经费，用于通过各种方式对困难学生进行资助。我国弱困扶助政策还有需要完善的地方，高校学生中贫困生、少数民族学生的问题虽然已经得到了较大的关注，但像其他的诸如生理残疾学生、“学业特困生”、“心理特困生”以及行为障碍生等得到的关注还较少，相应的扶助政策更是缺乏。对高校中的各种弱困学生，国家、社会和学校应给予关注和理解，制定相关的扶助政策，以保证扶助工作的公平。总之，通过对高等教育中弱困学生的积极关注，并制定有效的政策，采取恰当的措施，建立合理的补偿机制，就能够不断提高高等教育过程公平的水平。

二、加大弱困资助力度，建立良性互动机制

（一）加大弱困资助力度

（1）加大国家政府的投入力度。资助弱困群体是现代政府应当履行的基本职能之一，国家政府在弱困群体资助体系中理应处于主体地位。国家政府在弱困群体资助体系中处于主体地位，就是说国家政府是资助的第一出资方，投入力度最大。首先，政府在资助弱困群体中的主体地位是我国法律规定的权利和义务，任何其他方都无法替代。《中华人民

① 张金马．政策科学导论［M］．北京：中国人民大学出版社，1992：17-18．

共和国高等教育法》第九条明文规定，“公民依法享有接受高等教育的权利。国家采取措施，帮助少数民族学生和经济困难的学生接受高等教育”。2004年，党中央、国务院在《关于进一步加强和改进大学生思想政治教育的意见》中也明确提出了对家庭经济困难的大学生的资助应以政府投入为主。由此可见，国家对经济困难的大学生进行资助是法律明确规定的责任和义务。其次，因为我国公办全日制高校的投资主体是国家中央政府和地方省市政府，资助体系的投入主体自然就应当是国家和政府。只有把高校弱困群体资助体系纳入国家教育投入体系，国家的主体地位才会得到进一步彰显。

高校弱困群体的教育平等权保护现在显得尤为艰巨。一方面他们的权利常常被忽视，他们经常被称为“湮没的群体”；另一方面，对于很多迫切要求接受高等教育的弱困人群来说，他们又因为个人条件的限制而不能接受高等教育。对高校弱困群体资助公平在我国意味着：在加强对现有的弱困资助体系的投资和管理，以提高公平程度的同时，要切实加大对那些存在各种困难的大学生给予实质性的帮助。加大国家政府对弱困群体的补偿力度，从长远来看，是我国高等教育领域平等权实现、促进教育公平和社会公正的有效手段，是切实履行政府公共财政职能、推进基本公共服务公平化的必然要求。从当前来看，高校弱困群体资助体系已成为高等教育投入体系中不可或缺的补充，是高等教育投入体制改革的有机组成部分。通过加大国家政府对弱困群体的投入，能让更多的暂时处境不利的大学生在高等教育过程中享有公平的机会，保障高等教育过程公平。实际上，政府是高等教育的受益者以及最具实力的投资人，为追求社会的正义与公平，理应为高等教育中的弱困群体进行投资，从不断扩大和增加高等教育资源入手，确保每一位正在接受高等教育的学生都能顺利完成各项学习、科研任务，确保高等教育过程公平的实现。

目前，在我国高等教育制度的构建当中，虽然存在一些补偿机制，如政府的教育扶贫、助学金、奖学金和学生贷款制度等，但是，与庞大的弱势群体相比，目前的补偿力度还远远不足以消除高等教育过程的不平等。仅仅是强调平等对待显然是徒劳的，关键是要制定具体的政策、制度，甚至上升到法律的高度予以规制，以此来强化国家政府在高校弱困群体资助过程中的责任意识和主体意识，加强和提高银行参与学生贷款活动的力度与热情。在此方面，我们可以借鉴西方国家高校弱困群体资助的市场运作模式，强化市场在高校资助活动中的作用。

（2）重视社会资源的开发利用。国家政府在高校学生弱困扶助中发挥主体作用的同时，应注意通过各种途径吸引更多的社会力量参与到对高校弱困学生的扶助中来，我们应该意识到，社会各个方面在促进扶助过程公平中的潜力是巨大的。

一是借助舆论力量大力宣传，获取社会各方的理解和支持。由于各种原因，社会各方对高校弱困学生的了解不是很深刻。主要原因有如下两点：一是有的弱困群体由于出现的时间较短，比如高校中的贫困生，贫困生问题的出现既有我国高等教育迅猛发展、高校规模急剧扩大的原因，也有我国高校收费制度改革的原因，贫困生的问题在短时间内突现在人们面前，这就使得人们难以深刻地了解问题的实质所在；二是有的弱困群体是因为以前人们关注得较少，比如心理障碍学生，以往人们较少关注心理方面的问题，随着时代的变化，心理问题逐渐得到重视，这才使得心理障碍学生也逐渐成为人们关注的焦点，但这个问题也是一个较新的课题，缺乏深刻的了解也在所难免。基于这种状况，我们有必要借助社会舆论的力量，通过报纸、广播、电视等大众传媒有组织、有计划地对高校学生弱困问题进行大力宣传，让更多的人了解我国高校学生弱困问题，以得到社会广泛的理解和支持。实践也证明，大众传播媒介的作用是重大的，它具有传播速度快、影响范围广的特点，利用大众传播媒介对高校弱困扶助工作进行宣传既可以有效地起到社会救助的作用，同时社会舆论的监督还可以促进扶助过程的公平。

二是积极鼓励社会力量广泛参与扶助工作，拓宽资助资金的来源渠道。《中华人民共和国高等教育法》明确指出："鼓励企事业组织社会团体及其他社会组织和个人的高等教育投入。"① 在增加对高校弱困群体资

① 中华人民共和国教育部研究室.《中华人民共和国高等教育法》释义［M］.哈尔滨：黑龙江教育出版社，1998：167.

助经费时完全靠政府来解决是不现实的，因而政府应采取一切手段调动社会各方力量，对高校弱困学生在财力等方面给予大力支持。高校弱困学生的资助问题不仅是国家、政府、学校的问题，同时也是社会的问题。政府不仅要宏观指导整体规划，更要鼓励、协调社会各方力量，获得社会的支持，建立多元化的弱困扶助体系。

（二）建立良性互动机制

（1）建立良性互动氛围。不再将“弱困”这种标签贴在这些相对处于劣势的同学身上，恐怕对他们来说是最大的公平。扶困最重要的“扶心”，所谓“扶心”就是帮助弱困群体树立起一种信心，一种能与其他同学平等相处的信心，只有具备了这种信心，弱困群体才能够从我们的教育体制中获得充分的精神养料，才能昂首阔步地、自信地步入社会。“扶心”工程需要在高校建立起良性互动的氛围，真正从源头入手的做法是弱化弱困群体的身份标签，不再以一种特别的眼光看待这个群体，不在弱困群体身上贴标签并不是说取消对弱困群体的帮助，而是要求我们从人文关怀的角度去帮助他们，目的只有一个：使他们能平等地参与到学校生活、学习中来，自由地遨游在高校的激情海洋中。学校在帮助弱困学生的同时，更应该帮助弱困学生身边的老师和同学，帮助他们树立起一种这样的观点：不要对弱困学生另眼相看，这样就可以营造一种弱困学生能够从容面对的氛围。

（2）优化扶助制度程序。在优化扶助制度程序方面，有四个方面的事情要做：一是要制定具有可操作性的资格审查标准，扶助对象资格审查标准的制定应结合高校所在地区以及学校的实情。对弱困群体的扶助，把好扶助对象资格审查关是第一步，这样才能使扶助资金真正用于迫切需要帮助的人，从而真正落实国家政府的扶助政策。二是要注意学生在校期间的各种变化。例如，有些高校在大学新生入校后对学生进行了家访或家庭情况调查，建立了弱困群体档案，然而学生在校四年期间，学校的扶助基本都局限在这个范围，这就会造成资助对象不尽合理的情况。在国家资助力度和范围加大的情况下，应改变以往类似于这样一次性确认全过程受益的情况，对弱困群体的确认要全方位的动态跟踪，尽可能从多渠道了解学生的真实状况，并根据学生的变动情况及时、合理地调整扶助对象。三是要做好扶助计划。扶助计划中包含学生基本信息，以及他可能获得的所有扶助项目，包括奖助学金、助学贷款、勤工助学和减免学费等，并统一实施监测，保证工作更加有效、更具有针对性，避免因管理分散而产生的资助金额不均衡的情况，保证公平、有效地分配，公正、公开地实施助困活动。四是要注意扶助的形式。善意的资助如果实施不当或失误则会加重弱困群体的心理负担。通常地，弱困群体会有一种自卑的心理，这是由他们的家庭经济状况以及在这种经济状况下形成的心理状态和行为方式决定的，然而，弱困群体从本心上看都不愿意被当成另类看待，更不愿意遭受同学的冷嘲热讽，如果在扶助的过程中，我们没有注意到形式的适合性，就会有意无意地使他们显得“出类拔萃”，这时候扶助不仅不能起到帮助的作用，反而会适得其反。

（3）健全弱困扶助体系。为了有效地保障各类弱困学生平等受教育的权利，应建立一个完整的高校弱困扶助体系。健全的弱困扶助体系是确保高等教育过程中教育机会均等，促进社会公平的必要的社会平衡机制。目前，我国高校针对经济困难学生已经初步建立起“奖、贷、助、补、减、勤”六位一体的贫困大学生资助体系，发挥了综合资助效应，但就对高校整体弱困学生的救助而言，我国的扶助体系还不完善，在实施中存在诸多障碍，因而还需进一步加强与完善。如前文所言，高校中除了有经济困难生、少数民族学生等弱困生外，还有生理残疾学生、“学业特困生”、“心理特困生”以及行为障碍生等，这些弱困生也应该纳入我们的扶助体系之中，并针对不同的群体开展不同的救助。在采取的具体措施方面，我们应该据实情而定，泰勒指出，“人的行为的多样性及其表现，可以作为发掘更好的工作方法的依据”①。高校弱困学生产生的原因不一而足，这就决定了学生之间差别存在的客观现实性，对待高校弱困群体的方式方法也应有针对性。高校在给予弱困学生高度关注的同时，应根据本校弱困学生不同的状况制定相应的救助措施，比如，针对经济困难生可建立相应的经济补偿机制，针对少数民族学生和生理残疾学生可制定相应的使其免受歧视的政策，针对“学业特困生”可采取相应的个别化辅导的

① Rensis L. New patterns of management［M］. New York：McGraw-Hill，1961：113.

方法予以补救，针对“心理特困生”和行为障碍生则可通过相应的心理辅导和心理治疗帮助其脱困。建立完整的扶助体系，最主要的是使这个体系的各种保障制度落到实处，真正能为每一个处于弱势的学生提供保障。

第六节　提升人际交往过程公平的能力

高校学生人际交往是指学生之间以及学生与其他群体之间沟通信息、交流思想、表达情感、协调行为的互动过程。客观地说，高校学生的人际交往同其他任何形式的人际交往一样，也是一张极为复杂的“关系网”。这里所说的“关系网”，并不天然地具有贬义的色彩。就在校期间而言，对高校学生的成长影响最大的人际关系，主要是师生关系、同学关系。人际交往是否公平对高校学生的个体成长发展有着直接的影响，与其素质的提高、人格的完善有着密切的关系。为此，促进高校学生人际交往公平有着重要的现实意义。

一、营造和谐人际环境，形成平等交往态度

（一）全面营造平等和谐的人际环境

（1）营造健康的社会环境。随着社会改革的深度推进、经济全球化的迅速蔓延、社会信息化趋势的急速加大以及大众传媒的迅猛发展，社会对高校的影响呈现显著的动态性、广泛的渗透性和较强的不可控性等特点。社会的发展或变动对高校学生的生活方式、思维方式、行为方式等方面的影响与日俱增，昔日曾与社会隔绝的“象牙塔”已不复存在，取而代之的是高校与社会的对接、开放与相互渗透。高校学生正处于思想活跃、乐于接受新事物的时期，加之世界观、人生观、价值观尚未完全定型，其人际交往的态度、方式深受社会的影响。社会有责任为促进高校学生人际交往公平创设一个健康的环境，应积极引导大学生对人际关系进行正确的认识与理解，努力消除拜金主义、享乐主义等不良思潮以及在交往过程中相互利用的丑陋现象对大学生的消极影响。我们在建设物质文明的同时，应坚持不懈地抓精神文明建设、政治文明建设，大力弘扬中华民族优良的道德传统，弘扬社会主义核心价值体系，弘扬良好的社会风气。

宣传真善美，打击假恶丑，坚持依法治国、加强廉政建设和反腐败斗争，净化社会风气，为大学生的人际交往营造一种平等的健康的氛围。

如今我们正在努力建设和谐社会，积极倡导人人平等的理念，社会理所当然地也该为高校学生的人际交往努力营造一种平等的氛围，让大学生在人际交往中都能受到平等的对待，而不能因为某种原因受到歧视，更不能无视一些处境不利的学生在人际关系中所做出的积极努力。一些偏远地区的学生进入高校后，来到了陌生的城市，原本脑袋里全是对城市生活的美好憧憬，而现实却把他们推进了城市生活的夹缝中，孤独、寂寞、自卑，加上一些城市学生的歧视，他们步履维艰，心灵遭受到了难以承受的伤痛，在城市里难以寻找到归属感。处境不利的他们，人际交往受到阻碍，导致学业难以取得进步，这些都将使他们难以适应社会的发展。因此，在全社会范围内都应倡导交往平等的观念，消除对处境不利学生的偏见，积极营造一个“同在蓝天下，共同努力成长”的氛围。社会要提倡一种健康交往观，即在人际交往时多关注一个人对社会发展作出的贡献，少关注存在于他们身上的不良行为；多关注弱困学生的健康成长，少指责他们的不足。让所有的学生都能感受到社会大家庭的温暖，得到社会的接纳和包容，平等地在高校中生活和学习。

（2）营造和谐的校园环境。提高大学生的人际交往能力，促进高校学生交往过程公平，离不开高校的作用。高等学校应增强责任意识，充分认识人际交往公平对于大学生形成健康心理、优秀品格、卓越能力的重要作用，并采取切实措施促进大学生人际交往过程公平。

校园人际交往环境是否平等、和谐直接关系到大学生的交往公平与否，对大学生健康人格的形成和发展具有重要的意义。只有在良好的环境中，人格才能受到尊重，人心才能感受到温暖，人性才能得到自由。在大学营造和谐的校园环境有利于高校学生感受到国家、社会、学校的关怀，有利于高校学生的人格尊严得到尊重，有利于激发学生学习的动机，有利于激起学生努力成长的欲望，这也是新时期高等教育追求的目标之一。校园人际交往环境的建设应以公平为核心，采取多种多样的方式让每个大学生得到来自学习、生活、思想上的关怀和帮助，通过创造一种和谐的氛围，培养学生良好的交往态度和交往习惯，最终达到陶冶学生情操，构建学生健康人格，全面提升学生综合素质的目的。

高校要注意做好多方面工作，才能营造平等和谐的校园人际交往环境。而营造和谐交往环境不是某一方面的事情，这要求高校各个部门、各种主体应注意相互配合、齐心协力才能做到。高校通过开展丰富多彩的集体活动，鼓励大学生积极参与，在平等、和谐的氛围中增强他们的自信心，增进相互理解，克服消极心理，建立良好的人际关系。从教师的层面来看，教师要在教学工作中有意识地渗透心理健康教育的内容，将学生看成自己的亲人、朋友，在进行知识传授的过程中主动地关心学生的生活。从整个学校的层面来看，学校要想方设法增加学生的交流机会，积极为大学生提供各种公平的交往平台，扩大交往的范围，丰富大学生人际交往的内容；高校还应开设相关的交往技巧方面的讲座，丰富学生的交往知识，有意识地指导交往处境不利的学生从各方面寻找自己的长处，挖掘和罗列自己能吸引同学的闪光点及特征，以增强自信、悦纳自己，使其学会变换思维方式，学会辩证地思考问题，看到事物的两面性，大胆地去与同学交往，多参加有外院系同学参加的集体活动和娱乐活动，去了解和观察自己所欣赏的同学，缩短真实自我与理想自我的心理差距。

（3）营造平等班级环境。高校的相关部门应重视班级和寝室在促进交往公平中的作用。大学生都生活在学校、班集体中，而群体的氛围对其成员的交往有着极大的影响。平等的班集体氛围能满足成员公平交往的需求，集体成员通过平等的探讨、交流、切磋容易增强个体的自信心，增进友谊，形成良好的人际关系。寝室里的人际关系的问题，因为过于琐细往往得不到注意，也因为难以用一定的显性指标来衡量效果而容易被忽视。而对交往处境不利的大学生来说，正是这种小群体密切的人际互动关系对他们的心理有着重要的影响。因此，在这些小群体、小环境里营造一种相互信任、相互尊重的良好人际交往环境，对于调适交往处境不利的大学生的自卑情绪、减轻他们的抑郁程度和增强他们的人际交往能力是十分有益的。

（二）引导学生形成平等交往的态度

平等交往即要求在人际交往中必须互尊互重，平等相待，和谐相处。平等的态度是建立良好人际交往的前提，也是促进人际交往公平的第一原则。

我们每个人都有自己独立的人格、做人的尊严和法律上的权利与义务，人与人之间的关系是平等的关系。尊重不是单方面的，而是取决于双方，既要自尊，又要彼此尊重。如果希望得到别人的平等相待，那么自己就得先平等待人，如果希望得到别人的尊重，那么自己就得先尊重别人。正如古人所云："欲人之爱己也，必先爱人；爱人者，人恒爱之；敬人者，人恒敬之。"

大学生来自全国各地，年龄、经历、文化水平等都大体相同，虽然在气质、性格、能力、知识、家庭背景等方面存在差异，但在人格上都是平等的，并无尊卑贵贱之分。不能以为自己长相好、家庭经济宽裕就看低他人；不能因为自己来自城市，有某些方面的特长就瞧不起所谓的"农村人"；也不能由于自己的学习成绩好而看不起学习暂时处于劣势的同学。交往过程中居高临下的态度、自私自利的性格会导致失去真正的友情而孤立。因此，要正确地对待人生，学会正确地评价别人的优点和缺点，善于发现别人身上的闪光点，并坦诚开放自己的心扉，就会获得人们之间心灵的沟通、理解的愉悦、事业的成功、人生的乐趣。

学校要善于引导学生形成平等交往的态度，这就为大学生的人际交往提供了一个交心自在的平台，既有利于大学生互相关心，互帮互助，求同存异，同时又有利于促进高校学生公平地交往。

二、加强学生自我教育，提高人际交往能力

（一）教师要处处以身作则，引导学生正确对待差异

首先，教师要以身作则，建立起民主平等的师生关系。民主平等的师生关系无疑是对学生公平交往最好的引导。每个学生都具有平等的人格，都享有平等的受教育权，民主平等即要求在交往过程中师生的人格平等，师生的地位平等，师生的思想平等。民主平等的师生关系如何建立？教师以身作则是关键，只有在交往的过程中教师将每个学生都看成具有独立人格、鲜明个性、自由思想的活生生的个体，这样才能真正建立起民主平等的师生关系。为建立民主平等的师生关系，推动学生在校的交往过程公平，首先，教师应树立起"关爱一切学生"的精神理念。当今高校教师应将"关爱一切学生"作为自己教书育人的基本行为准则，作为一种精神去追求。其次，教师还应树立起平等的交往理念。在

民主平等的师生关系中，教师与学生双方是互主体的关系，双方在交往中的地位是平等的，双方都是具有完整个性的人。在师生交往过程中，双方应互相承认、互相赋予平等的地位，教师不应因学生的城乡来源、家庭背景不同而在交往中有所区别对待，甚至歧视、忽略农村学生，人为地制造城乡隔阂。教师应尊重学生，切忌将学生人为地划分为各种等级，应努力创设出一种平等、和谐的交往氛围，引导学生自尊、自重、自励，从而能公平自由的交往。由此可见，民主平等是引导学生人际交往过程走向公平的关键，而民主平等观念的形成，要靠教师在交往过程中的以身作则、树立榜样。

其次，教师要善于引导学生正确对待个体差异，加强对学生的人际交往教育。教师首先要使得学生认识到，学生个体之间是客观地存在差异的，这种差异既包括天生具有的差异，诸如性别、民族、智力等，也包括由于后天生活环境影响而形成的差异，比如城乡来源、家庭背景、生活经历、兴趣爱好等。这些差异造成了学生人际交往的频率和程度各不相同，但也正是由于这些差异，才使得高校学生的人际交往显得如此丰富多彩：有的学生热情、奔放、乐于助人，但有的学生孤僻、冷漠；有的学生在交往中谦虚、谨慎，但有的傲气、清高，看不起别人；有的学生善于同别人沟通，人缘好，但有的自卑心强，缺乏自信；有的学生在交往中坚持原则，但有的原则性却不够强。作为教师不仅要让学生认识到个体差异是客观存在的这一现实，还要善于帮助学生正确分析和对待这些差异。比如，在不同个体身上所表现出的不同特点中，有的对改善人际交往、建立良好人际关系具有积极作用，有的则阻碍人际交往。又如，个体差异虽然客观存在，但并不是一成不变的，在一定环境和适时诱导下，消极的可以克服，积极的可以发扬光大。如果教师能引导学生正确认识个体身上的差异并能正确对待这些差异，那么对建立平等的人际关系，进而提高学生交往过程中的公平性无疑是非常有意义的。

（二）学生要正确认识自我，不断提高人际交往技巧

高校学生在内心深处都是渴望被理解、渴求交往的。正如德国学者斯普兰格描述的那样："在人的一生中，再也没有像青年时期那样强烈地渴望被理解的时期了。……没有任何人会像青年那样深陷于孤独之

中，渴望着被人接近与理解；没有任何人会像青年人那样站在遥远的地方呼唤。"① 然而由于一些学生对自我的认识不够，导致在交往上动机不强，再加上有些学生缺乏人际交往的技巧，很容易出现交往机会不均、交往过程不公的情况。欲提高交往过程的公平性，除社会、学校有责任和义务为学生提供和谐的交往环境和公平的交往平台外，高校学生还应从自身查找原因，不断提高交往技巧，实现交往公平。

在具体的人际交往过程中，首先要求高校学生能有一个对自我的客观认识。客观的自我认识不仅能在活动和决定中给予学生一个正确的引导，而且在交往的过程中能在潜意识里摆正交往双方的地位，做到既不卑躬屈膝又不趾高气扬。因此，大学生要通过客观的自我认识为自己主动地创造和争取交往的机会。当出现人际关系困扰时，应先检查一下自己的认知是否出现偏差。在日常生活中，有些学生有过失败的交往经历，然而，他们将交往的失败进行了错误的归因，往往将交往不利进行了外部归因，比如有的学生认为自己的长相影响了交往；有的学生认为自己家庭出身阶层较低，家庭经济状况不好，以致同学们不愿跟他交往；有的学生认为因为自己来自农村而导致交往失利，等等。这些归因都是将交往不利的原因归结为客观因素所致，其实并未抓住问题的根本所在。学生自身的因素，比如有的学生思想不够活跃，有的学生缺乏交往的意愿，有的学生自身情趣欠缺等才是交往过程失利的真正原因。因此，高校学生应加强交往失利归因的训练。这就要求高校学生改变对人际关系不良的因果关系的认识，加强对自身原因的探讨，例如，自己的兴趣爱好不够广泛，没有主动与人交流的意愿，等等。学生如果能主动调整自己的看法和态度，就可调整自己的心绪，变阴霾为晴朗，进而获得心理平衡，实现更主动的交往。

要达成与同学之间的公平交往，对交往技能、技巧的掌握也非常必要。第一，要学会赞美；第二，要有积极的自我心理暗示；第三，礼貌交往，平等待人；第四，学会主动沟通；第五，注重言谈举止，重视对人际交往中的语言把握。

---

① 马建青．大学生心理卫生［M］．杭州：浙江大学出版社，1992：218.

第六章　结论与展望

无论是在现实还是在理论意义上，高等教育过程不公平现象的存在既不符合现代教育公平的理想，更不符合社会公正的理念，然而，不公平现象的存在却不以人的意志为转移。当然也必须承认，高等教育过程的绝对公平，甚至从理论上也很难达到，因此，从某种意义上说，我们对高等教育过程公平的追求就是使之从不太公平趋于较公平乃至更公平，也正是由于我们的这种不懈追求，才使得公平的程度不断提高，才能推动着高等教育向前发展。对高等教育过程公平的不懈追求是我们研究它的动力，基于这种动力我们最终将这个既有理论价值又有现实意义的课题作为研究对象，虽然在研究中我们得出了一些结论，获得了一些成果，但研究的不足也是显而易见的，需要进一步深化研究的问题还有很多。因此，我们期待本研究能起着一个抛砖引玉的作用，希望能引起各位方家对高等教育过程公平的大讨论，以便在理论上丰富高等教育过程公平的思想体系；在实践中逐步缩小差距，不断提高高等教育过程公平的程度，达到某种理想的状态。

第一节　本研究的主要结论

在高等教育大众化的时代背景下，高等教育过程公平出现了新的问题，需要探寻新的解决途径。本研究从高校学生的主观角度出发，初步设计并开发出了的高等教育过程公平调查问卷，探讨和验证了学生的个人基本属性及家庭基本属性与高等教育过程公平的影响程度及其作用机制。本研究所提出的研究假设大部分得到了实证支持，也发现了一些有意义的结论：

第一，高等教育过程公平可以从六个维度进行考察：知识学习过程公平、科学研究过程公平、社会实践过程公平、评优评奖过程公平、弱困扶助过程公平、人际交往过程公平。这六个维度的划分主要通过前期的探索性研究，分析和总结相关研究结果，并综合考察已有的研究文献，最后按照一定的逻辑层次演绎而来。这六个维度相互之间尽管存在一定的相关性，但仍然具有相当的合理性。

第二，我国高等教育过程公平程度还很低。从高校学生对各维度公平程度总的评价来看，公平程度最高的是人际交往公平，有49.2%的调查对象认为是公平的，其次是学习过程公平，比例为44.0%，公平程度最低的科学研究公平，只有26.4%的调查对象认为是公平的。从这些数据看，高等教育的公平性问题并未因学生跨入高校大门而有极大的改观，高等教育过程中的不公平是现实存在的。诚然，当前我国迅猛的高等教育大众化大大地降低了高校入学门槛，增加了入学机会，从这个意义上说，大众化有效地改善了高等教育领域的公平，但进入高等教育过程中的学生可能会由于个体特征的限制、家庭客观因素的制约、高等教育政策不当、社会环境的不利影响、高校内部管理不力等而有不平衡的发展。因此，我们应该警惕，在高等教育大众化阶段，高等教育过程中有可能形成的新的不公平。从当前情况看，高等教育过程不公平主要体现在六个方面：专业知识学习过程不公平、科学研究过程不公平、社会实践过程不公平、评优评奖过程不公平、弱困扶助过程不公平、人际交往过程不公平。

第三，高等教育过程公平程度与学生的个人基本属性及家庭基本属性有关。本研究发现，学生的性别因素、性格因素、年级因素、学科因素等对高等教育过程公平各维度存在不同程度的影响，学校层次在一定程度上也影响高等教育过程公平。另外，学生家庭基本属性是影响高等教育过程公平重要因素，表现在学生的家庭所在地、家庭收入、父母受教育程度、父母职业等方面对高等教育过程公平存在程度不一的影响。

第四，探讨高等教育过程公平问题的原因时应该从不同的层面进行。学生家庭的社会经济地位和社会文化背景因素、国家政府有关高等教育的政策制度因素以及高校内部管理的规章制度因素等，这些都是我们所要考虑的因素。更进一步讲，这些因素在对高等教育过程公平产生作用时是相互关联、彼此渗透的，我们很难将它们截然分开，它们是在相互交织、相互渗透的过程中对学生接受的高等教育产生影响，任何一种因素都难以孤立地发挥作用。

第五，高等教育过程公平问题的解决需要在社会公平的语境中才能实现。在高等教育大众化的背景中，高等教育过程公平并不是在高等教育系统内部就可以得到彻底解决的，它的解决需要在整体社会公平的语境中才能最终达成。作为社会的一个子系统，“高等教育系统内的不公平和不平等，本质上是社会整体系统中不平等和不公平的投射和体现”①，因此，高等教育过程中不公平和不平等问题的解决，除了要在高等教育系统内部作出政策调整和改革外，更要在宏观层次上促进社会公平正义的建设，这样才能最终提高高等教育过程公平的程度，促成各种不公平问题的解决。如果仅仅在高等教育系统内进行某些调整和改革就力图解决高等教育过程不公平、不平等的问题，实际上只是治标而不治本。在整体的社会公平问题未能得到真实有效解决的前提下，因社会不公而导致的贫富分化、阶层对立诸问题，势必将传递到高等教育系统，影响高等教育公平，如果这样的话，高等教育系统将面临既无力承担，更无力解决这些问题的困境。

第六，高等教育过程公平问题亟待得到各方重视和更为深入的研究。学生在接受高等教育的过程中各种不公平的现象提醒我们，过程公平应该被当作一个严肃的社会问题加以关注，我们的研究也证实了高等教育过程公平程度很低的现实状况，对该现实状况的忽视可能会引起严重的社会问题，因此，高等教育过程公平问题亟待得到各方的重视。对高等教育过程公平的研究，除了要在质性方面探索种种不公平的表现外，还应该走定性研究与定量研究相结合的研究路径，在“深描”高等教育过程不公平的具体表现的基础上，应该通过定量研究，客观、准确地揭示这种不公平的根源及各因素的作用机制，这样，才能正确认识当前高等教育过程公平的真实状况，也才能为提高过程公平的程度提供科学的依据。

---

① 李娜．社会分层视野中的高等教育过程公平研究［D］．天津：南开大学，2009：130．

第二节　本研究的主要创新

本研究从学生的主观角度出发，运用社会学的分析方法，探讨了高等教育过程公平问题，一是丰富了高等教育过程公平研究的层面——从微观层面研究高等教育过程公平，二是从研究视角和研究方法上拓展了高等教育公平的研究。因此我认为，本研究从以下几方面为高等教育过程公平的研究作出了贡献：

第一，以高等教育过程公平为研究课题，在当前研究中尚属新的研究领域。目前学术界对高等教育公平问题的研究主要集中在对高等教育入学机会获得的考察上，但实际上高等教育的公平性问题并未因学生跨入高校大门而有很大的改观，高等教育过程中的不公平不仅存在，而且这种不公平可能因多种因素相互影响、共同作用而进一步扩大。因此，本研究在社会学理论的指导下深度考察高等教育过程的公平性以及各种因素与高等教育过程公平性之间的内在关联，开创了探索高等教育过程公平性的新视角。

第二，以高校学生群体为研究对象，研究并编制了高等教育过程公平调查问卷。在已有的对高等教育过程公平的研究中，大多是从理性思辨的层面进行的，对高等教育过程公平进行定量的、系统的研究并不多见。我国有关高等教育过程公平的调查研究较少的原因之一就是缺乏对高等教育过程公平进行测量的专门工具。本研究初步编制出高等教育过程公平的调查问卷，为进一步研究高等教育过程公平以及相关问题提供有效的测量工具，充实和促进了国内高等教育过程公平的研究，有利于促进高等教育过程公平程度的提升。

第三，本研究运用实证分析的方法，从六个维度分析并论证了高校学生个人基本属性和家庭基本属性与高等教育过程公平的内在关系，丰富和完善了高等教育过程公平的研究方法。

第四，本研究提出了从学生个人基本属性和家庭基本属性考察高等教育过程公平、综合地探寻高等教育过程不公平的原因、在社会公平的语境中解决高等教育过程公平问题等新观点，丰富了高等教育过程公平的研究成果。

第三节　本研究存在的主要局限

由于高等教育系统本身的复杂性以及本人学识的不足，本研究还明显存在以下一些不足或局限：

第一，本次研究取样是在全国各省市的13所高校随机进行的，并尽量考虑在不同层次、不同类型的高校中取样，虽然最后获得的样本也具有一定的随机性和代表性，但是由于时间和条件的限制，仍然未能做到分层随机抽样，也没能在专科层次的高校取得样本，所以本研究的样本并不具有广泛的代表性，因而本研究的结论是否适用于全国各个地区，或者专科层次的高校大学生，尚待进一步检验。

第二，调查对象的范围有些偏狭隘。由于时间和精力的限制，本次调查所选取的对象只局限于高等教育过程中单一的群体——学生，而未能调查其他与高等教育过程公平有紧密关系的对象，如教育主管部门工作人员、企事业单位员工、学生家长等各种人员对高等教育过程公平的态度和意见，调查对象的范围有点偏狭隘。因此，在未来的研究中，调查对象的范围可以拓展到这些人群中。

第三，本研究自行开发了高校教育过程公平调查问卷，对本调查问卷的研制，研究者虽花费了相当精力，付出了艰辛的劳动，最后确定调查维度和题项努力追寻理论上和现实中的依据，力图使之能够解释高等教育过程公平问题，但不得不承认，本调查问卷所调查的维度以及量表的题项都相对较为简单，调查的对象又只局限于高等教育过程公平中的一个群体——学生，因此，其使用范围是比较有限的，只能算是关于高等教育过程公平调查的一个初步设计。在未来的研究中，可以考虑对调查维度进行再加工，提炼或增加一些维度，在题项方面可以增添一些客观指标，这样才能完善对高等教育过程公平的测量。

第四，由于时间和能力的限制，本研究采集的数据多为截面数据，考察高等教育过程公平的动态状况尚显不够，如果能够用连续多年的数据对高等教育过程公平的状况进行考察，那么就更能考察出过程公平的动态，结果会更有说服力。

第四节　研究展望

本研究选取高等教育过程公平加以研究，这本身就是一个非常宏大的课题，涉及的内容很多，另外，本研究需要调查的对象——高校学生具有复杂性和动态性的特点，再加之相关的研究相对缺乏，这些都决定了本研究的难度的确很大，也注定了本研究很难深入每个细节进行深刻的探讨，研究的不足也在所难免。比如，本研究目前所做的是一个横向研究，缺乏纵向的对比研究，也缺乏个案的比较，如果能继续跟踪，再加以个案研究，并不断地对问卷进行修订，这样才能对我国高等教育过程公平的未来发展趋势有一个初步的把握，这也是本人在今后的一个研究方向。因此，可以说，本研究仅仅是对高等教育过程公平的研究拉开了一个帷幕，高等教育过程公平研究是一个长期的、艰巨的工作，沿着这条路走下去，是自己前行的方向，也是值得我用一生去努力的事情。

在本研究的基础之上，未来研究可以在以下三方面进行：

第一，本研究的调查对象在取样时未能做到分层随机抽样，未来的研究可以扩大调查范围，可以考虑把中国划分为几大板块，研究国内不同地域高等教育过程公平状况。

第二，高等教育过程公平作用机制有待明了。虽然本研究探讨了高等教育过程公平的部分影响因素，但是它们之间的作用机制并不甚明了，而建立高等教育过程公平的机制模型在高等教育过程公平研究中非常重要，有很大的理论和教育实践意义，希望以后能进一步深入探讨。

第三，以后如果时间和能力允许，在研究本课题时尽量多采集跨度大一些的数据，比如动态跟踪学生，了解他们在整个求学期间公平感的变化，从更为系统的、动态的角度研究，结果将会更有说服力。

总之，高等教育过程公平的研究还非常缺乏，本研究仅仅是一个有限的探索，我们期待更多的美玉纷至沓来。关于如何进一步加强高等教育过程公平研究，还需要广大学者在今后的研究中共同努力。

参考文献

一、中文著作类

［1］康德. 法的形而上学原理：权利的科学［M］. 沈叔平，译. 北京：商务印书馆，1991.

［2］韦伯. 经济与社会［M］. 林荣远，译. 北京：商务印书馆，1997.

［3］韦伯. 社会科学方法论［M］. 杨富斌，译. 北京：华夏出版社，1999.

［4］迪尔凯姆. 社会学方法的准则［M］. 狄玉明，译. 北京：商务印书馆，1995.

［5］勒鲁. 论平等［M］. 王允道，译. 北京：商务印书馆，1988.

［6］布尔迪约，帕斯隆. 继承人：大学生与文化［M］. 邢克超，译. 北京：商务印书馆，2002.

［7］布尔迪厄. 国家精英：名牌大学与群体精神［M］. 杨亚平，译. 北京：商务印书馆，2004.

［8］布尔迪厄. 文化资本与社会炼金术：布尔迪厄访谈录［M］. 包亚明，译. 上海：上海人民出版社，1997.

［9］布尔迪约，帕斯隆. 再生产：一种教育系统理论的要点［M］. 邢克超，译. 北京：商务印书馆，2002.

［10］卢梭. 论人类不平等的起源和基础［M］. 李常山，译. 北京：商务印书馆，1962.

［11］麦金太尔. 谁之正义？何种合理性？［M］. 万俊人，吴海针，王今一，译. 北京：当代中国出版社，1996.

[12] 克拉克. 高等教育新论：多学科的研究 [M]. 王承绪，徐辉，郑继伟，等译. 杭州：浙江教育出版社，1988.

[13] 克拉克. 高等教育系统：学术组织的跨国研究 [M]. 王承绪，徐辉，殷企平，等译. 杭州：杭州大学出版社，1994.

[14] 博登海默. 法理学：法哲学及其方法 [M]. 邓正来，姬敬武，译. 北京：华夏出版社，1987.

[15] 赫梅尔. 今日的教育为了明日的世界 [M]. 王静，赵德生，译. 北京：中国对外翻译出版公司，1983.

[16] 布莱克莱吉，亨特. 当代教育社会学流派：对教育的社会学解释 [M]. 王波，陈方明，胡萍，译. 北京：春秋出版社，1989.

[17] 列文，哈维霍斯. 社会与教育 [M]. 纪大海，沈安源，裴希林，译. 成都：四川教育出版社，1991.

[18] 约翰斯通. 高等教育财政：问题与出路 [M]. 沈红，李红桃，译. 北京：人民教育出版社，2004.

[19] 诺齐克. 无政府、国家与乌托邦 [M]. 何怀宏，译. 北京：中国社会科学出版社，1991.

[20] 德沃金. 至上的美德：平等的理论与实践 [M]. 冯克利，译. 南京：江苏人民出版社，2003.

[21] 亨特. 社会研究方法新论：人类行为的科学研究 [M]. 郑建宏，易国庆，王明华，译. 武汉：华中理工大学出版社，1989.

[22] 夏夫利. 政治科学研究方法 [M]. 新知，译. 上海：上海世纪出版集团，2006.

[23] 布鲁贝克. 高等教育哲学 [M]. 王承绪，郑继伟，张维平，等译. 杭州：浙江教育出版社，1987.

[24] 罗尔斯. 正义论 [M]. 何怀宏，何包钢，廖申白，译. 北京：中国社会科学出版社，2001.

[25] 罗尔斯. 作为公平的正义：正义新论 [M]. 姚大志，译. 上海：上海三联书店，2002.

[26] 巴兰坦. 教育社会学：一种系统分析法 [M]. 朱志勇，范晓慧，译. 南京：江苏教育出版社，2005.

[27] 富永健一. 社会学原理 [M]. 严立贤，陈婴婴，杨栋梁，译. 北京：社会科学文献出版社，1992.

[28] 森. 以自由看待发展 [M]. 任赜，于真，译. 北京：中国人民大学出版社，2002.

[29] 边沁. 道德与立法原理导论 [M]. 时殷弘，译. 北京：商务印书馆，2000.

[30] 米尔恩. 人的权利与人的多样性：人权哲学 [M]. 夏勇，张志铭，译. 北京：中国大百科全书出版社，1995.

[31] 哈耶克. 自由秩序原理 [M]. 邓正来，译. 北京：生活·读书·新知三联书店，1997.

[32] 哈耶克. 法律、立法与自由：第二、三卷 [M]. 邓正来，张守东，李静冰，译. 北京：中国大百科全书出版社，2000.

[33] 密尔. 功利主义 [M]. 徐大建，译. 上海：上海人民出版社，2008.

[34] 程介明. 公平与精英 [M]. 香港：香港小岛文化出版社，1988.

[35] 戴文礼. 公平论 [M]. 北京：中国社会科学出版社，1997.

[36] 董泽芳. 教育社会学 [M]. 武汉：华中师范大学出版社，1990.

[37] 冯建军. 教育公正：政治哲学的视角 [M]. 福州：福建教育出版社，2008.

[38] 龚向和. 受教育权论 [M]. 北京：中国人民公安大学出版社，2004.

[39] 顾明远. 教育大辞典：卷 6 [M]. 上海：上海教育出版社，1992.

[40] 郭彩芹. 教育公平论：西方教育公平理论的哲学考察 [M]. 徐州：中国矿业大学出版社，2004.

[41] 侯定凯. 高等教育社会学 [M]. 桂林：广西师范大学出版社，2004.

[42] 劳凯生. 变革社会中的教育权与受教育权：教育法学基本问题

研究［M］. 北京：教育科学出版社，2003.

［43］李廉水，吴立保. 和谐社会视野下高等教育公平的制度设计研究［M］. 北京：科学出版社，2010.

［44］李强. 社会分层十讲［M］. 北京：社会科学文献出版社，2008.

［45］刘精明. 国家、社会阶层与教育：教育获得的社会学研究［M］. 北京：中国人民大学出版社，2005.

［46］刘精明. 转型时期中国社会教育［M］. 沈阳：辽宁教育出版社，2004.

［47］卢晓中. 现代高等教育发展论纲［M］. 广州：广东教育出版社，2005.

［48］陆学艺. 当代中国社会流动［M］. 北京：社会科学文献出版社，2004.

［49］陆学艺. 当代中国社会阶层研究报告［R］. 北京：社会科学文献出版社，2002.

［50］陆学艺，等. 社会结构的变迁［M］. 北京：中国社会科学出版社，1997.

［51］马和民. 新编教育社会学［M］. 上海：华东师范大学出版社，2002.

［52］上海师范大学教育系. 马克思恩格斯论教育［M］. 北京：人民教育出版社，1979.

［53］马克思，恩格斯. 马克思恩格斯全集：第1卷［M］. 北京：人民出版社，1956.

［54］马克思，恩格斯. 马克思恩格斯选集：第三卷［M］. 北京：人民出版社，2012.

［55］钱民辉. 教育社会学：现代性的思考和建构［M］. 北京：北京大学出版社，2004.

［56］沈百福，雷春，许剑. 高等教育发展与高等教育投资［M］. 武汉：武汉工业大学出版社，2000.

［57］夏文斌. 走向正义之路：社会公平研究［M］. 哈尔滨：黑龙

江教育出版社，2000.

［58］王处辉．高等教育社会学［M］．北京：高等教育出版社，2009.

［59］王海明．公正、平等、人道：社会治理的道德原则体系［M］．北京：北京大学出版社，2000.

［60］翁文艳．教育公平与学校选择制度［M］．北京：北京师范大学出版社，2003.

［61］邬大光．中国高等教育大众化问题研究［M］．北京：高等教育出版社，2004.

［62］吴康宁．教育社会学［M］．北京：人民教育出版社，1998.

［63］吴庆．公平述求与贫困治理：中国城市贫困大学生群体现状与社会救助政策［M］．北京：社会科学文献出版社，2005.

［64］夏文斌．公平、效率与当代社会发展［M］．北京：北京大学出版社，2006.

［65］谢维和．教育活动的社会学分析：一种教育社会学的研究［M］．2版．北京：教育科学出版社，2007.

［66］谢作栩．中国高等教育大众化发展道路的研究［M］．福州：福建教育出版社，2001.

［67］杨东平．中国教育公平的理想与现实［M］．北京：北京大学出版社，2006.

［68］杨善华．当代西方社会学理论［M］．北京：北京大学出版社，1999.

［69］余秀兰．中国教育的城乡差异：一种文化再生产现象的分析［M］．北京：教育科学出版社，2004.

［70］张民选．理想与抉择：大学生资助政策的国际比较［M］．北京：人民教育出版社，1998.

［71］张人杰．国外教育社会学基本文选［M］．上海：华东师范大学出版社，1989.

［72］赵中建．全球教育发展的研究热点：90年代来自联合国教科文组织的报告［M］．北京：教育科学出版社，1999.

[73] 郑杭生. 中国社会结构变化趋势研究 [M]. 北京：中国人民大学出版社，2004.

[74] 周辅成. 西方伦理学名著选辑：上卷 [M]. 北京：商务印书馆，1964.

[75] 朱小蔓. 对策与建议：2006—2007 年度教育热点、难点问题分析 [M]. 北京：教育科学出版社，2007.

[76] 朱应平. 论平等权的宪法保护 [M]. 北京：北京大学出版社，2004.

[77] 转型期中国重大教育政策案例研究课题组. 缩小差距：中国教育政策的重大命题 [M]. 北京：人民教育出版社，2005.

二、中文论文类

[1] 安晓敏. 教育公平指标体系研究：基于义务教育校际差距的实证分析 [D]. 长春：东北师范大学，2008.

[2] 鲍威，刘艳辉. 公平视角下我国高等教育资源配置的区域间差异 [J]. 教育发展研究，2009 (23)：37-43.

[3] 宝玉柱. 论少数民族的教育平等权与自主权 [J]. 民族教育研究，2001 (3)：22-28.

[4] 常丽丽. 大学课堂教学交往的缺失与追寻 [J]. 太原师范学院学报（社会科学版），2006，5 (3)：143-145.

[5] 陈彬. 论中国高等教育公平的价值追求与政策抉择 [J]. 华中师范大学学报（人文社会科学版），2003 (2)：128-135.

[6] 陈俊生. 论高等教育成本补偿对教育公平的影响 [J]. 湖北社会科学，2003 (6)：58-60.

[7] 陈立鹏，郝晓明. 高等学校中少数民族学生教育公平问题研究 [J]. 大学教育科学，2008 (4)：102-105.

[8] 陈立鹏，刘燕青. 高等学校中贫困学生教育公平问题研究 [J]. 大学教育科学，2009 (4)：101-105.

[9] 陈星波. 民族高等教育发展的几点思考 [J]. 云南民族大学学报（哲学社会科学版），2008，25 (2)：152-156.

[10] 陈新忠，李忠云. 资本市场的多元化对高等教育投融资体制的

启示［J］. 理论月刊，2005（7）：92-94.

［11］陈玉琨. 试论高等教育的公平与效率问题［J］. 上海高教研究，1998（12）：20-23.

［12］陈云奔. 教学公平研究［D］. 兰州：西北师范大学，2005.

［13］丁月牙. 少数民族教育平等问题及政府的教育政策选择［J］. 民族教育研究，2005（2）：17-22.

［14］董泽芳，陈新忠. 社会转型与教育冲突［J］. 教育研究与实验，2009（2）：20-23.

［15］董泽芳，李晓波. 高等教育公平观与高等教育分流［J］. 中国地质大学学报（社会科学版），2003（5）：55-58.

［16］董泽芳，张国强. 我国大陆教育社会学研究的特点与演变（1979—2005）：基于对教育社会学重建以来概论性著作的文本分析［J］. 高等教育研究，2007（7）：17-24.

［17］樊华强. 高等教育视野中的人权研究［D］. 长沙：湖南师范大学，2007.

［18］房欲飞. 从罗尔斯的正义原则看我国高等教育制度的正义性［J］. 高教探索，2006（5）：19-21.

［19］甘晖. 我国高等教育投资体制与资源配置机制之浅见［J］. 高等理科教育，2004（2）：1-3.

［20］甘剑锋. 和谐社会构建中高校贫困生问题研究：以郑州大学为例［D］. 武汉：华中师范大学，2008.

［21］苟人民. 高等教育领域的平等权问题研究［D］. 长春：吉林大学，2006.

［22］郭海燕. 高等教育效率与公平问题研究的回顾与展望［J］. 天津工程师范学院学报，2005（1）：68-71.

［23］葛明荣，葛明珍. 论我国高等教育平等权的保护［J］. 黑龙江高教研究，2005（11）：27-29.

［24］郭元祥. 对教育公平问题的理论思考［J］. 教育研究，2000（3）：21-24；47.

［25］韩玉志. 美国大学生满意度调查方法评介［J］. 比较教育研

究，2006（6）：60-64.

[26] 何丽君. 高等教育性别与公平问题探究 [J]. 江苏高教，2000（1）：67-70；78.

[27] 何喜刚. 对现阶段我国高等教育公平问题的反思 [D]. 兰州：西北师范大学，2004.

[28] 何知. 社会分层中我国高等教育过程公平研究 [D]. 南昌：南昌大学，2008.

[29] 胡海波. 正义与正义观的哲学理解 [J]. 教学与研究，1997（8）：54-58.

[30] 黄小文. 高等教育过程中存在的公平问题及其对策 [J]. 湘潭师范学院学报（社会科学版），2006（6）：143-145.

[31] 贾朝霞. 我国高等教育公平问题的研究 [D]. 福州：福州大学，2006.

[32] 金生鈜. 论个人自由在教化中的地位 [J]. 教育理论与实践，2002（11）：1-5.

[33] 金生鈜. 什么是正义而又正派的教育：我国教育改革的症结 [J]. 教育研究与实验，2006（3）：1-7.

[34] 柯文进. 对大学生资助政策的分析 [J]. 江苏高教，2002（6）：24-25；28.

[35] 雷宁，关虹. 高等教育投融资改革思路与方法 [J]. 中南民族大学学报（人文社会科学版），2007（S1）：76-78.

[36] 李兵，陈上仁. 我国弱势群体分担高等教育成本的能力及对策 [J]. 江苏高教，2002（2）：25-27.

[37] 李春景，朱科蓉. 我国助学贷款制度研究 [J]. 河北师范大学学报（教育科学版），2002（2）：35-39.

[38] 李春玲. 社会政治变迁与教育机会不平等：家庭背景及制度因素对教育获得的影响（1940—2001） [J]. 中国社会科学，2003（3）：86-98；207.

[39] 李娜. 社会分层视野中的高等教育过程公平研究 [D]. 天津：南开大学，2009.

［40］李润洲．教育公平刍议［J］．江西教育科研，2002（4）：11-14．

［41］李润洲．课堂教学公平问题的理性思考［J］．天津市教科院学报，2002（4）：48-52．

［42］李婷婷．现阶段我国高等教育公平评价体系研究［D］．西安：陕西师范大学，2008．

［43］李晓波．教育公平观视野下的高等教育分流研究［D］．武汉：华中师范大学，2003．

［44］李亚楠．社会分层对高等教育结果公平的影响：基于大学生就业问题［J］．长春工业大学学报（高教研究版），2009（4）：21-23．

［45］李志江．罗尔斯分配正义理论研究［D］．上海：复旦大学，2004．

［46］黎军，朱峰．关于高等教育公平问题的探讨［J］．教育理论与实践，2006（6）：6-7．

［47］林莉．高等教育规模扩张与教育公平［J］．现代大学教育，2001（6）：34-35．

［48］刘复兴．我国教育政策的公平性与公平机制［J］．教育研究，2002（10）：45-50．

［49］刘广明．高等教育哲学视野中的教育公平［J］．郑州大学学报（哲学社会科学版），2007（1）：169-173．

［50］刘浪，钟频，陈桂云．高等教育大众化过程中教育公平问题的探析［J］．长沙医学院学报，2008（1）：55-57．

［51］刘小瑜，胡红霞．我国高等教育公平程度的评价指标体系［J］．统计与决策，2008（8）：61-63．

［52］刘煦．山东省高等教育公平保障体系的构建研究［D］．天津：天津大学，2007．

［53］刘岩峰．柏拉图正义观研究［D］．长春：吉林大学，2010．

［54］刘幼昕．学生资助制度的责任伦理研究［D］．重庆：西南大学，2008．

［55］刘裕．高校教育服务公平评价及效应研究［D］．成都：西南

交通大学，2008.

［56］吕星宇．论教育过程公平［D］．上海：华东师范大学，2009.

［57］马明，武红军，谭寒．教育公平视野下残疾人高等教育研究［J］．高校教育管理，2009（5）：36-39.

［58］马晓强．“科尔曼报告”述评：兼论对我国解决“上学难、上学贵”问题的启示［J］．教育研究，2006（6）：29-33.

［59］庞国斌．我国公共高等教育资源配置的公平性研究［D］．大连：辽宁师范大学，2008.

［60］潘懋元．谈高等教育的公平与效率［J］．中国高等教育，2003（3/4）：17-18.

［61］潘懋元，肖海涛．改革开放30年中国高等教育思想的转变［J］．高等教育研究，2008（10）：1-5.

［62］庞青山，刘鸿．高等教育资源公平及其实现策略［J］．现代大学教育，2008（3）：1-4.

［63］彭玉琨，张捷，贾大光．教育平等理论内涵分析与促进教育平等进程策略研究［J］．东北师大学报（哲学社会科学版），1998（6）：82-87.

［64］彭泽平．当前我国东西部高等教育发展区域失衡的几点比较［J］．比较教育研究，2002（5）：18-22.

［65］钱志亮．社会转型时期的教育公平问题：中国教育学会中青年教育理论工作者专业委员会第十次年会综述［J］．高等教育研究，2001（1）：104-105.

［66］秦小云，别敦荣．论我国大学教学管理制度的人文关怀诉求［J］．高等教育研究，2005（9）：84-87.

［67］秦行音．社会分层对农民家庭子女受教育机会的影响研究［J］．职业技术教育：教科版，2005（22）：51-54.

［68］任兴祥，孙毓英．综合考察高等教育公平问题［J］．江苏高教，2000（1）：64-66.

［69］邵争艳．中国区域高等教育资源优化配置评价与对策研究［D］．哈尔滨：哈尔滨工程大学，2006.

［70］沈东华．高校贫困家庭学生资助体系的完善［J］．教育评论，2007（3）：60-63.

［71］苏叶兰，詹莎．社会阶层流动视阈下的高等教育公平探析［J］．江西社会科学，2010（6）：207-212.

［72］孙宇．以学生为本 办好让学生满意的教育［J］．中国高等教育，2005（6）：47.

［73］隋献福．高等教育过程公平的问题与对策研究：以曲阜师范大学为例［D］．济南：山东师范大学，2007.

［74］唐海龙．促进高等教育公平的政府责任与对策研究［D］．吉林：吉林大学，2011.

［75］田正平，李江源．教育公平新论［J］．清华大学教育研究，2002（1）：39-48.

［76］王晨．高等教育的平等问题与大众化的两难［J］．煤炭高等教育，2000（6）：8-11.

［77］王处辉，李娜．在当前我国高等教育过程中的不平等研究：基于对某高校农村学生群体的调查［J］．清华大学教育研究，2007（4）：36-41.

［78］王海明．公正论［J］．中国人民大学学报，1999（5）：48-53.

［79］王海明．平等新论［J］．中国社会科学，1998（5）：52-68.

［80］王强，施杰．当前高校贫困学生资助体系的政策与思考［J］．江苏高教，2006（4）：102-104.

［81］王胜平．奖学金评定工作中必须坚持公平竞争原则［J］．教育与现代化，1999（2）：72-74.

［82］王鑫．论我国高等教育投资主体和投融资渠道的多元化［J］．高教研究，2006（7）：96-98.

［83］王学臣，李义安．大学生防御方式与人格特征的相关研究［J］．中国心理卫生杂志，2004（2）：105-106.

［84］王幼芳．高校贫困生资助体系调查及改革的思考［J］．青年研究，2002（2）：1-4；9.

［85］王云．高等教育过程中的均衡与公平：基于社会性别理论的视

角［D］．石家庄：河北师范大学，2009．

［86］汪立琼．高等教育公平研究述评［J］．江苏高教，2006（2）：21-23．

［87］翁文艳．教育公平的多元分析［J］．教育发展研究，2001（3）：62-64．

［88］吴宁．社会弱势群体保护的权利视角及其理论基础：以平等理论透视［J］．法制与社会发展，2004（3）：60-68．

［89］夏丽萍．高等教育资源配置研究［D］．成都：四川大学，2006．

［90］肖润花．浅议高校内部的教育公平［J］．成都大学学报（教育科学版），2007（4）：27-28．

［91］徐冉．浅析我国高等教育公平存在的问题［J］．内蒙古师范大学学报（教育科学版），2008（3）：30-32．

［92］薛浩．高校勤工助学工作的育人功能［J］．江苏高教，2004（2）：113-114．

［93］颜莉冰．高等教育资源的区域公平性研究［J］．高教探索，2005（5）：33-36．

［94］杨德广，张兴．关于高等教育公平与效率的思考［J］．北京大学教育评论，2003（1）：63-69．

［95］杨东平．从权利平等到机会均等：新中国教育公平的轨迹［J］．北京大学教育评论，2006（2）：2-11；189．

［96］杨东平．对我国教育公平问题的认识和思考［J］．教育发展研究，2000（8）：5-8．

［97］杨东平．影响接受高等教育机会不均的制度性因素探析［J］．中国高等教育，2001（6）：28-29；46．

［98］杨克瑞．大学生资助的贷款误区及政府责任的实现［J］．清华大学教育研究，2005（4）：87-91．

［99］杨咏梅．大学生的权利及其实现［J］．教育发展研究，2005（17）：56-59．

［100］姚本先，刘世清．论弱势群体子女的教育公平［J］．教育发

展研究，2003（8）：57-59.

[101] 尹力. 教师教育权与学生受教育权的冲突与协调 [J]. 高等师范教育研究，2002（3）：61-66.

[102] 曾琴. 浅析我国高等教育发展过程中的公平问题 [J]. 西南民族大学学报（人文社科版），2005（7）：321-324.

[103] 张衡，王云兰. 我国高等教育公平与社会分层互动关系探讨 [J]. 教育发展研究，2006（3）：44-47.

[104] 张厚军，朱宏军. 教育公正：实现社会公正的阶梯 [J]. 国家教育行政学院学报，2006（3）：43-47.

[105] 张健. 对大学生勤工助学的几点思考 [J]. 思想教育研究，2003（1）：33-34.

[106] 张晓莉，靳瑞勇，张思亮. 教育平等进程中远程教育与社会的良性互动 [J]. 现代远程教育研究，2005（5）：44-46；72.

[107] 张应强，马廷奇. 高等教育公平与高等教育制度创新 [J]. 教育研究，2002（12）：39-43.

[108] 张玉林，刘保军. 中国的职业阶层与高等教育机会 [J]. 北京师范大学学报（社会科学版），2005（3）：25-31.

[109] 翟小会. 治理机制：高等教育资源配置的补充机制 [J]. 内蒙古师范大学学报（教育科学版），2006（1）：28-30.

[110] 赵立卫. 美国大学生资助的“资助包”制度 [J]. 比较教育研究，2005（2）：55-56.

[111] 赵明. 社会阶层收入差异影响教育机会均等的经济学分析 [J]. 四川师范学院学报（哲学社会科学版），2003（1）：125-129.

[112] 赵婷婷. 高等教育大众化理论的修正与发展 [J]. 教育研究，2002（12）：44-49.

[113] 郑彩莲. 高校“勤工俭学”的现状和前景 [J]. 中国青年研究，2002（6）：77-79.

[114] 郑红，张人杰. 西方教育不平等社会学述评 [J]. 比较教育研究，1990（5）：34-37.

[115] 钟秉林，赵应生. 我国高等教育大众化进程中教育公平的重

要特征［J］．北京师范大学学报（社会科学版），2007（1）：5-10.

［116］钟云华，沈红．社会分层对高等教育公平影响的实证研究［J］．复旦教育论坛，2009（5）：56-61.

［117］周光礼．学习自由的法学透视［J］．高等工程教育研究，2005（5）：24-28.

［118］周宏芬．教育正义论［D］．南京：南京师范大学，2006.

［119］朱家存．教育平等：科尔曼的研究及其给我们的启示［J］．外国教育研究，2003（12）：23-26.

［120］朱军．贫困大学生心理健康教育问题研究［J］．教育与职业，2006（18）：145-146.

［121］朱沙．政府保障高等教育公平的财政政策研究：基于高等教育成本分担制度和学生资助制度的考察［D］．成都：西南财经大学，2009.

［122］朱迎春，周志刚．从教育公平原则看中国城乡教育差距［J］．教育理论与实践，2006（7）：25-27.

三、外文类

［1］GAMORAN A. Education stratification and individual careers［G］// KERCKHOFF A C. Generating social stratification：toward a new research agenda. Boulder：Westview Press，1996：59-74.

［2］HALSEY A H，HEATH A F，RIDGE J M. Origins and destinations：family，class and education in modern Britain［M］. Oxford：Oxford University Press，1980.

［3］SEN A K. Freedom，rationality and social choice：arrow lectures and other essays［M］. Oxford：Clarendon Press，2002.

［4］SEN A K. Inequality reexamined［M］. New York：Harvard University Press，1992.

［5］SEN A K. On economic inequality［M］. Oxford：Clarendon Press，1997.

［6］AYALON H，SHAVIT Y. Educational reforms and inequalities in Israel：the MMI hypothesis revisited［J］. Sociology of education，2004

(77)：103-120.

[7] LINDSAY B, JUSTIZ M J. The quest for equity in higher education [M]. Albany: State University of New York Press, 2001.

[8] APPLE M W. The state nobility: elite schools in the field of power [M]. London: The Polity Press, 1996.

[9] BOURDIEU P. The forms of capital [M] //HALSEY A H, LAUDER H, BROWN P, et al. Education: culture, economy and society. Oxford: Oxford University Press, 1997: 241-258.

[10] SMITH C N. The quest for equity in higher education: planning for higher education [M]. Albany: State University of New York Press, 2003.

[11] COLEMAN J S. The concept of equality of educational opportunity [J]. Harvard educational review, 1968, 38 (1): 7-22.

[12] COLEMAN J S. What is meant by "an equal educational opportunity?" [J]. Review of Education, 1975 (1): 27-29.

[13] COLEMAN J S. The Social capital in the creation of human capital [J]. American journal of sociology, 1988 (1): 95-120.

[14] COLEMAN J S. Equity and achievement in education [M]. Boulder: Westview Press, 1990.

[15] CARR C L. Fairness and political obligation: again a reply to lefkowitz [J]. Social theory and practice, 2004 (1): 46-48.

[16] LEWIS D R, DUNBAR H. Equity effects of higher education in developing countries [A]. Westport: Greenwood Press, 2002.

[17] CHAPMAN D W, AUSTIN A E. Higher education in the developing world: changing contexts and institutional responses [M]. Westport: Greenwood Press, 2002.

[18] WOODWARD D, ROSS K. Managing equal opportunities in higher education [M]. Buckingham: Shrew and Open University Press, 2000.

［19］ LUNENBURG F C，ORNSTEIN A C. Educational administration：concepts and practices［M］. 6th ed. Lunenburg：Wadsworth Publishing，1991.

［20］ KAISER F，FLORAX R J，KOELMAN J B. Public expenditure on higher education［M］. London：Jessica kingsley Publishers，1992.

［21］ HENSON K T，ELLER B F. Educational psychology for effective teaching［M］. Lunenburg：Wadsworth Publishing，1998.

［22］ LIN N，ENSEL W M，VAUGHN J C. Social resources and strength of ties：structural factors in occupational status attainment［J］. American sociological review，1981（46）：58-61.

［23］ LUCAS S R. Effectively maintained inequality：education transitions，track mobility and social background effect［J］. The American journal of sociology，2001（6）：47-49.

［24］ WEBER M. The struggle of monarch and nobility：origin of the career open to talent［M］. GERTH H H，MILLS C W，trans. Oxford：Oxford University Press，1946.

［25］ MCPHERSON M S，SCHAPIRO M O. Keeping college affordable：government and equal opportunity［M］. Washington，D. C.：The Brookings Institution，1991.

［26］ WALZER M. Spheres of justice：a defence of complex equality［M］. Oxford：Basil Blackwell，1983.

［27］ ODDEN A R，PICUS L O. School finance：a policy perspective［M］. New York：Mc Graw-Hill，1992.

［28］ DE CEORGE R T. Academic freedom and responsibility symposium［J］. Journal of college and university law，2001（11）：37-39.

［29］ ARCHIBALD R B. Redesigning the financing aid system：why colleges and university should switch roles with the federal government［M］. Washington，D. C.：The Johns Hopkins University Press，2002.

［30］ DESHALIT A S. Communitarianism and Individualism［M］.

Oxford：Oxford University Press，1992.

[31] LUCAS S R. Effectively maintained inequality：education transitions，track mobility，and social background effects [J]. American journal of sociology，2001 (106)：86-89.

[32] SOLMON L C. Quality of education and economic growth [J]. Economics of education review，1985 (11)：45-49.

[33] SWELL W H. Inequality of opportunity for higher education [J]. American sociological review，1971 (36)：793-808.

[34] WOLFE J R. The impact of family resources on childhood IQ [J]. Journal of human resources，1982 (17)：27-29.

附录1　高等教育过程公平调查问卷

亲爱的同学：

你好！高等教育过程公平是你我共同关注的问题！我们正在做一项高等教育过程公平问题的研究，希望你结合自己的实际，为这项研究提供一些情况，请你首先仔细阅读此调查问卷，然后据实填写。此调查匿名，你的回答仅供学术研究之用，请放心填写。

谨此，对你的热情帮助深表感谢！

高等教育过程公平研究课题组

一、个人及家庭基本情况（请你根据自己的实际情况，在相应的选项上划“√”）

1. 你的性别是：①男　②女

2. 你的性格：①内向　②外向　③介于内向和外向之间　④不清楚

3. 你现在的年级是：①大一　②大二　③大三　④大四

4. 你父亲受教育情况：①小学及以下　②初中　③高中或中专　④大专或本科　⑤研究生

5. 你母亲受教育情况：①小学及以下　②初中　③高中或中专　④大专或本科　⑤研究生

6. 你的家庭所在地：①农村　②乡镇　③城市

7. 你父亲的职业：①国家干部　②经理人员　③私营企业主　④知识分子或专业技术人员　⑤职员　⑥商业服务业员工　⑦个体工商户　⑧产业工人　⑨农民/农民工　⑩失业/无业

8. 你母亲的职业：①国家干部　②经理人员　③私营企业主　④知

识分子或专业技术人员　⑤职员　⑥商业服务业员工　⑦个体工商户　⑧产业工人　⑨农民/农民工　⑩失业/无业

9. 你家庭的人均年收入在当地属于：①下等　②中下等　③中等　④中上等　⑤上等

10. 你所上大学的层次：①重点本科院校　②一般本科院校　③专科院校

11. 你所在的专业：①文史哲　②理科　③工科　④法学经济学管理学　⑤农林　⑥师范　⑦其他

二、在校期间的基本情况（请你根据自己的实际情况，在相应的选项上划“√”）

1. 你是否是学生干部？①是　②否

2. 在校期间你是否获得过奖学金？①是　②否

3. 除了专业知识之外，你是否学习了其他的实用技能？①是　②否

4. 除了本专业的课程之外，你是否选修了其他专业的课程？①是　②否

5. 在校期间，你参与过几次教师的课题？①没有　②一次　③二次　④三次及以上

6. 在校期间，你做过几次兼职工作？①没有　②一次　③二次　④三次及以上

7. 你参加过学校的几个社团？①没有　②一个　③二个　④三个及以上

8. 你与班主任或辅导员的交往情况怎样？①没有　②很少　③一般　④较多　⑤很多

9. 你觉得教师最喜欢与哪一类型的学生交往？①性格开朗的　②家庭背景好的　③聪明的　④听话的　⑤学习成绩好的　⑥其他

10. 你与同学的人际关系怎样？①不好　②不太好　③一般　④较好　⑤很好

11. 如果有心理问题，能否及时得到来自学校或学院的帮助？①能　②不能

12. 如果有经济问题，能否及时得到来自学校或学院的帮助？①能　②不能

三、你认为下列情形的公平程度如何，请在相应的空格里划“√”。

	很不公平	不太公平	一般	比较公平	非常公平
1. 获得教师课程学习指导的机会					
2. 获得教师课外学习指导的机会					
3. 获得教师学习规划指导的机会					
4. 获得教师学习困惑指导的机会					
5. 获得教师学习方法指导的机会					
6. 教师在课堂教学中对待学生					
7. 日常生活中学生与教师交流的机会					
8. 教师对学生成绩的评定					
9. 学校不同专业的课程设置					
10. 学生参与教师课题的机会					
11. 学生获得自主科研项目的机会					
12. 学生获得学校分配的专业实习的机会					
13. 学生获得学校安排的勤工俭学的机会					
14. 学生参与学校社团活动的机会					
15. 学校或学院奖学金的评定					
16. 学校或学院学生干部的选拔					
17. 学校或学院各项先进的评选					
18. 学校或学院助学金的评定					
19. 学校不同专业科研资源的配置					
20. 在你的院系里不同班级师资的配备					
21. 不同学生获得学校心理健康指导的机会					

四、你对当前高等教育过程公平现状总体认识是什么？有何改进意见？

再次感谢你的支持！

附录2　高等教育过程公平状况访谈提纲

1．您认为目前我国高等教育过程公平状况怎样？

2．您认为高等教育过程公平应该包括哪些内容？什么是高等教育过程公平？

3．您认为高等教育过程公平有哪些特征？

4．您认为影响高等教育过程公平的因素有哪些？它们是如何发挥作用的？它们对高等教育过程公平的作用大小怎样？

5．您认为高校学生在学习过程中主要有哪些不公平的现象？主要原因是什么？

6．您认为高校学生在科研过程中主要有哪些不公平的现象？主要原因是什么？

7．您认为高校学生在社会实践过程中主要有哪些不公平的现象？主要原因是什么？

8．您认为高校学生的评优评奖过程公平状况如何？造成不公平的主要原因是什么？

9．您认为高校在对弱困群体扶助过程中公平状况如何？造成不公平的主要原因是什么？

10．您认为高校学生在交往过程中主要有哪些不公平的现象？主要原因是什么？

11．您认为促进我国高等教育过程公平的主要途径有哪些？

后　记

本书是在我的博士学位论文《高等教育过程公平的社会学分析》的基础上修改而成的，对高等教育过程公平进行研究，既有我的导师董泽芳教授的建议和无微不至的指导，也有自己的思考。首先，董泽芳教授是高等教育学和教育社会学领域的前辈，对高等教育公平问题一直高度关注并进行研究，选择“高等教育过程公平”开展研究，能够为导师的学术思想添砖加瓦，备感荣幸。其次，在高等教育大众化的今天，高等教育过程公平成为党和国家乃至普通大众关注的焦点，选择“高等教育过程公平”进行研究，既顺应了国家关于高等教育改革的动态，又回应了社会的需要，期望本研究有助于改变高等教育过程中一些不公平的现象。最后，对高等教育过程公平问题进行研究，也是个人研究兴趣使然。我一直学习、工作、生活于学校环境中，对教育过程中的公平问题有着较浓厚的兴趣，本研究也是我呼吁国家政府、高等学校和社会各界齐心协力关注高等教育过程公平的体现。

能够取得本书中的研究成果，首先得感谢我的导师董泽芳教授。董泽芳教授年逾古稀，仍然忙于国家出版基金项目“高等教育与社会发展论丛”的出版事宜，时刻对我进行鞭策与鼓励，使我没有失去这个好的平台与机会。本书从选题、谋篇布局到调研、写作及至出版，无不凝聚着董老师的心血。为帮我做好相关研究，董老师给我定主题、理思路、拟提纲，教我一字一句修改文章，调研过程中帮我联系相关高校，为了我的学业及成长，董老师付出了大量时间和精力，董老师严谨求实、创新包容的学术精神和抱瑾握瑜、冰壶秋月的人格品质无时无刻不对我产生潜移默化的影响，让我受益终身！

其次，感谢华中师范大学出版社！本书能有幸被列入国家出版资金资助项目“高等教育与社会发展论丛”出版目录，是与董泽芳教授和出版社各位领导、专家的指导分不开的。特别感谢出版社学术出版中心冯会平主任的精细运作，感谢本书的责任编辑刘少玲老师，在出版过程中刘少玲编辑认真把好政治关、知识关、文字关，能得到她悉心的指导是我一生的荣幸，在此表示衷心感谢！

再次，还要感谢胡春光、张继平、黄健雄等师兄，他们在本书的写作中给予了无微不至的关照，他们对本书提出的建议以及进行的修改给我无穷的启迪；感谢华中师范大学教育学院的各位老师们，他们在我研究的过程中给予悉心指导；在本研究的实证调研过程中，得到了同门学友胡春光、熊德明、陈新忠、郝朝晖、申晓辉、黄燕、张竹云以及同学李朝晖、谭涛、张霖等的大力帮助，在此深表感谢！

本课题的研究曾得到云南民族大学引进人才科研项目的资助，本书的出版还得到知识产权出版社的热情帮助和支持，在此一并表示衷心的感谢！

因作者学识水平有限，书中肯定有诸多不妥甚至错误之处，敬请各位专家、学者、领导、朋友、读者批评指正！

王卫东

2018 年 8 月 1 日

★湖北省教育厅重大项目
“学科评估对接‘双一流’的机制创新研究”（18ZD018）成果